Erfolg hat einen Namen Jesus Christus!

Tamara Demontis

Title book: **Erfolg hat einen Namen – Jesus Christus!**

Author book: Tamara Demontis

© 2024, Tamara Demontis
Verlag: BoD • Books on Demand GmbH, In de Tarpen 42, 22848 Norderstedt
Druck: Libri Plureos GmbH, Friedensallee 273, 22763 Hamburg
ISBN: 978-3-7597-9552-6

Einführung

Ein Hinweis des Autors:
'Die folgende Geschichte basiert auf wahren Begebenheiten'

Business und Spiritualität gelten seit jeher als Gegensätze, aber stimmt das wirklich?

In der Spiritualität kann sich der Mensch wieder mit seinen tiefsten Ressourcen verbinden, um dem Wandel mit neuer Energie zu begegnen. Herausforderungen und Komplexität im Leben werden so effektiv bewältigt. Die Vertrautheit mit der eigenen Intuition zu entwickeln und zu trainieren, ihre Quellen zu erkennen, sich selbst als Teil eines größeren Systems zu begreifen und eine fließende Brücke zwischen Rationalität und Spiritualität zu schlagen, sind Elemente, die es ermöglichen, auf mehreren Ebenen gleichzeitig zu arbeiten und ideale Voraussetzungen dafür zu schaffen, dass sich echter Erfolg einstellen kann. Erfolg, verstanden als eine Form der Selbstverwirklichung durch die Arbeit und absolut gesehen, durch die eigenen Lebensentscheidungen, dank der Fähigkeit, sich selbst in seinen verschiedenen Dimensionen zu verstehen und sie mit Ausgewogenheit in das tägliche Leben zu integrieren.

Es gibt keinen wirklichen Reichtum, wenn unser Geist nicht weiß, wie man damit umgeht und wie man ihn lebt. Und es gibt kein wahres inneres Glück, wenn man vom Kreis des materiellen Reichtums ausgeschlossen ist. Jeder von uns hat eine Bestimmung im Leben, eine einzigartige Gabe oder ein besonderes Talent, das er für sich und andere einsetzen kann.

Und wenn wir nicht nur unsere Talente, sondern auch uns selbst in den Dienst der anderen stellen, erleben wir die Ekstase und den Jubel des Geistes, der der höchste Sinn unseres Daseins ist. Zu entdecken, was wir besser können als jeder andere auf der Welt, bedeutet, unser eigenes Talent zu entdecken. Um dies zu tun, müssen wir uns auf das konzentrieren, was wir anderen anbieten können, indem wir der Menschheit von Nutzen sind. Dann sollten wir unsere Göttlichkeit, unser wahres Talent wiederentdecken und es einsetzen, um anderen zu helfen. Auf diese Weise würden wir all den Reichtum schaffen, den wir uns wünschen, indem wir erkennen, dass wir spirituelle Wesen sind, die eine materielle Erfahrung machen und nicht materielle Wesen, die eine physische Erfahrung machen.

Dieses Buch richtet sich an alle Menschen, deren Herzen nach Erfolg schreien, egal ob Mann oder Frau, egal welcher sozialen Schicht oder Religion sie angehören und egal wo auf der Welt sie sich befinden.

Starte jetzt, denn der Weg offenbart sich dir beim gehen!

INHALTSVERZEICHNIS

Kapitel 1 Auf Erfolgskurs

»Jesus, wo bist du? Warum hast du mich verlassen?«, schluchzte Viktoria, erschrocken vom Geräusch der Schüsse, während sie im Halbdunkel vor ihrem Bett kniete.

»Jesus, hörst du mich?«, sagte sie leise.

»Jeesuuus!!! »schrie sie wütend mit all der Luft, die sie noch in den Lungen hatte.

Plötzlich hörte sie ein leises Klopfen am Fenster und sie begann zu zittern. Schnell versteckte sie sich unter dem Bett, während das leise Klopfen am Fenster anhielt. Verängstigt und neugierig zugleich schaute sie zum Fenster und erkannte den Schatten.

»Wie bist du hierher gekommen?«, fragte sie mit Tränen in den Augen.

Es war 1991, als Kroatien sich zum unabhängigen Staat erklärte und die jugoslawische Volksarmee den Krieg begann. Verängstigt floh Viktoria in der Nacht und verließ im Alter von 21 Jahren ihr geliebtes Land, um nach Deutschland zu kommen. Aus einem Land kommend, das nicht als Entwicklungsland galt, aber mit vielen Zukunftsvisionen, fand sie sich über Nacht in einem Land wieder, dessen Entwicklung und Industrialisierung nicht im Entferntesten mit der ihres Heimatlandes Kroatien vergleichbar war.

»Wo sind wir gelandet?«, fragte sie ihren Mann Ivan am Mannheimer Hauptbahnhof. Ja, ihren Mann, denn die 21-jährige Viktoria war erst seit zwei Tagen verheiratet, als sie in Deutschland ankam.

»Was stört dich hier mehr: das Chaos, die Sprache, die du nicht verstehst, oder der graue Himmel Ende Juli?«, fragte er amüsiert, während sie sich umschaute.

Aber sie wusste nicht genau, ob sie irgendetwas störte, alles war anders, als sie es aus ihrer Heimat gewohnt war. Die Gebäude, die vielen Menschen aus verschiedenen Kulturen, die sie umgaben und dann waren da noch die Straßenbahnen, die auf den Gleisen vor dem Bahnhof fuhren. Solche Verkehrsmittel hatte sie noch nie gesehen. Für einen kurzen Moment schloss sie die Augen, sah vor ihrem inneren Auge die teilweise unbefestigten Straßen Kroatiens und hörte die Stoßdämpfer der Autos bei jedem Schlagloch husteten. Angesichts dieser Vorstellung musste sie lachen.

»Hey, hörst du mir überhaupt zu?«, fragte ihr Mann genervt.

»Komm, wir steigen in die Straßenbahn und sehen uns die Wohnung an«, antwortete sie knapp, neugierig auf das, was noch kommen würde.

Müde von der langen Auto- und Zugfahrt von Kroatien nach Mannheim, aber froh, außer Gefahr und weit weg vom Krieg zu sein, saß sie schweigend in der Straßenbahn und blickte verträumt in die Ferne, während die Erinnerungen an die Zeit, als sie ein 14-jähriges Mädchen war, ihren Geist erfüllten. Ein kurzer Rückblick und sie sah sich mit ihren Freundinnen mitten im elterlichen Weinberg sitzen und euphorisch von ihren Zukunftsvisionen erzählen. Schon früh hatte sie ihre Lebenspläne geschmiedet, ihre Ziele waren damals wenige, aber klar umrissen, zumindest was Kinder und Karriere betraf, denn sie hatte bereits geplant, mit 23 Jahren ihr erstes Kind zu bekommen und eine erfolgreiche Unternehmerin zu werden.

Doch jedes Mal, wenn sie von ihren großen Visionen erzählte, schauten ihre Freundinnen sie an, als sei sie eine Außerirdische und sagten: »Hörst du dir eigentlich selbst zu? Mit 23 wirst du noch nicht einmal dein Studium beendet haben, geschweige denn Mutter sein. Wie willst du in Kroatien eine erfolgreiche Geschäftsfrau werden? Du weißt, dass wir hier von Landwirtschaft, Handwerk und Tourismus leben und dass die meisten Frauen, wenn sie ein Kind bekommen, zu Hause bleiben und Hausfrau werden. Du solltest lieber einen reichen Mann aus einer guten Familie heiraten.

Doch mit 21 Jahren war Viktoria bereits verheiratet, ihr junger Mann Ivan stammte aus gutem Hause, war aber nicht wohlhabend. Dennoch hatte Ivan ihr das Leben gerettet, indem er sie aus dem kriegszerrütteten Land geholt hatte. Schon früh erkannte Viktoria den engen Horizont ihrer Freundinnen, die wie sie aus einfachen Familien stammten und nach dem Motto „lieber arm, aber gut" lebten. Mit ihrer ambitionierten Denkweise war sie so etwas wie das schwarze Schaf der Gruppe, aber nicht nur im Freundeskreis, denn auch in ihrer Familie wurde sie auf Grund ihrer Visionen nur ausgelacht.
Viktorias Familie stammte aus einfachen Verhältnissen, ihre Eltern waren mit dem zufrieden, was sie hatten und brachten ihr und ihren Geschwistern bei, es ihnen gleich zu tun. Kleinkariert mit guten Familienprinzipien, das war die Grundlage der Erziehung ihrer Eltern, die Geld als etwas Schlechtes oder Verfluchtes ansahen. Doch während einige ihrer Geschwister kein Problem damit hatten, in Armut erzogen zu werden, war sie davon zutiefst angewidert und weigerte sich, dies zu akzeptieren, obwohl ihre Eltern versuchten, sie davon zu überzeugen, dass dies der einzige Weg sei, ein guter Christ

zu sein.

»Du bist so still, woran denkst du?«, fragte Ivan.

»Glaubst du, dass unser Herr Jesus Christus will, dass wir in Armut leben?«, fragte sie.

»Wie kommst du denn darauf? Im Moment haben wir größere Probleme, als darüber nachzudenken, was Jesus Christus von uns wollen würde, meinst du nicht?«, fragte er etwas überrumpelt von dieser Frage.

»Weißt du, wir hatten Glück, dass wir heil hier angekommen sind und jetzt, da wir in einem so entwickelten Land sind, werde ich in der Lage sein, meine Visionen zu verwirklichen.«

»Ja, ja, du und deine Visionen. Genieß die Aussicht, wir sind gerade in Deutschland angekommen«.

Egal mit wem Viktoria versuchte, über ihre Träume zu sprechen, die sie als Geschenk Gottes betrachtete, schien sie nicht ernst genommen zu werden. Selbst mit ihrem Mann Ivan konnte sie nicht darüber sprechen, obwohl er aus einer moderneren Familie stammte, denn auch seine Eltern waren in den 60er Jahren nach Deutschland ausgewandert, um das Geld für den Hausbau zu verdienen. Seine streng katholische Familie hatte ihn zwar nicht zur Armut erzogen, aber er war der Meinung, dass Viktorias Horizont für eine Frau viel zu weit gefächert war.

Zumindest war es die Kultur, die ihm eingeimpft worden war, welche von der patriarchischen Religion der katholischen Kirche diktiert wurde, hier war Machtausübung hauptsächlich Männern vorbehalten. Aber Viktorias Geist war völlig frei, sich zu entfalten und Wohlstand zu erlangen, denn sie vertraute auf das, was sie fühlte, in der Überzeugung, dass Gott ihr ihre Berufung gegeben hatte, ungeachtet der Tatsache, dass sie eine Frau war. Die Menschen um sie herum schafften es leider immer wieder sie zu verunsichern und so musste sie sich als gläubige Christin fragen, ob es nicht Sünde sei, wenn der Mensch nach Wohlstand strebe.

Aber wie denkt Gott über Menschen und besonders über Frauen, die nach Erfolg streben?

Unsere Gesellschaft lehrt uns, dass Männer immer noch diejenigen sind, die am meisten verdienen und erfolgreich sind, auch die Bibel spricht von der Unterordnung der Frau gegenüber des Mannes, wie in Epheser 5,21.23.

Einer ordne sich dem andern unter in der gemeinsamen Ehrfurcht vor Christus...".

Heißt das, die Frau muss tun, was der Mann ihr sagt?

Nun, Jesus meinte mit diesem Satz sicher nicht, wer wem etwas zu befehlen hat, sondern ihr Frauen, ordnet euch euren Männern unter wie Christus, der Herr. Ihr Männer, liebt eure Frauen, wie Christus die Kirche geliebt und sich für sie hingegeben hat, um sie rein und heilig zu machen wie das Wasser und das Wort.

Liebt einander, denn auch Christus hat uns geliebt und sich für uns hingegeben als Gabe und Opfer.

Es mag für viele seltsam klingen, aber die Bibel selbst spricht von erfolgreichen Frauen, von der Gestalt der Frau, die im Neuen Testament eine neue Würde erhält und ein fügsames und privilegiertes Element nicht in den Händen, sondern im Herzen Jesu ist. Die Frau des Neuen Testaments hat einen Vorteil gegenüber der Frau des Alten Testaments: Sie empfängt und vermittelt Befreiung und Heil. In der Bibel werden mehrere Frauen erwähnt, aus deren Geschichte wir viel lernen können, wie z.B. Iael mit ihrer Initiative und ihrem Mut (Römer 15,4; 2. Timotheus 3,16.17).

Ihre Geschichte zeigt, dass Gott Ereignisse so lenken kann, dass sich Prophezeiungen erfüllen. Oder Abigail, die, obwohl sie schön und reich war, ein doch sehr ausgeglichenes Selbstbild hatte. Um des Friedens willen war sie bereit, sich für Fehler zu entschuldigen, die sie nicht begangen hatte. Oder Deborah, die mutig und opferbereit war. Sie ermutigte andere, das zu tun, was in den Augen Gottes richtig war und zögerte nicht, diejenigen zu loben, die das Richtige taten. Königin Ester ist ein großartiges Beispiel für Mut, Demut und Bescheidenheit (Psalm 31,24; Philipper 2,3). Trotz ihrer Schönheit und Stellung war sie nicht stolz: Sie bat andere um Hilfe und Rat. Wenn sie sich an ihren Mann wandte, sprach sie mit Takt und Respekt, aber auch mit Offenheit zu ihm.

Bis zu 21 Frauen werden in der Bibel erwähnt, einige als positive Beispiele, andere als negative, wie die Frau von Lot. Ihre Geschichte zeigt die Gefahren auf, die entstehen, wenn man materielle Dinge so sehr liebt, dass man Gott ungehorsam wird. Jesus erwähnte sie als Negativbeispiel. Er sagte: "Denkt an Lots Frau" (Lukas 17,32).

Aber was lehrt uns die Bibel konkret über Wohlstand, unabhängig davon, ob es eine Frau oder ein Mann ist, der ihn anstrebt?

Was verstand Viktoria von Erfolg, die schon als Kind davon überzeugt war?

Nun, Viktoria wusste nicht genau, was die Bibel über Wohlstand sagte, denn die Bücher in den Wohnzimmern, einschließlich der Bibel, hatten nur die Funktion, die Möbel zu schmücken. Wer eine kroatische Familie kennt, weiß, dass sich das Leben in der Küche abspielt und das Wohnzimmer eine Art unzugängliches Museum ist, das nur bei großen Familienfesten besucht und bewundert werden darf. Außerdem hätten gute Christen wissen müssen, was Gott für uns will, denn der Pfarrer verkündete es regelmäßig in der Kirche während des Gottesdienstes. Aber die Botschaft, die der Pfarrer für die Gläubigen hatte, war nicht die Botschaft, die aus der Tiefe ihres Herzens kam. Schon als junges Mädchen neigte Viktoria dazu, sich zu fragen, ob es unser Gott sei, der durch das Beispiel des Lebens Jesu wolle, dass auch wir in Armut lebten, oder ob es die katholische Kirche sei, die die Christen lehrte, arm zu sein. Das zu hinterfragen, was der Pfarrer sagte, war in den Augen ihrer Mutter eine Provokation und Sünde. So zwang sie Viktoria, regelmäßig zur Beichte zu gehen.

Aber Viktoria war fest entschlossen, reich zu werden, das spürte sie tief in ihrem Inneren, es schien eine angeborene Stimme in ihr zu sein, die ihr Wohlstand und Erfolg zuflüsterte. Aber war das alles, was diese Stimme ihr zu sagen hatte?

Offenbar nicht, denn die gleiche Stimme lenkte irgendwann auch ihr geistliches Leben und brachte sie schließlich dazu, sich von der katholischen Kirche abzuwenden. In der Übergangsphase vom Teenager zur jungen Frau hatte Viktoria während des Gottesdienstes immer wieder das Gefühl, am falschen Ort zu sein. Dass sie sich von der katholischen Kirche abwandte, bedeutete aber nicht, dass sie nicht an Gott glaubte. Sie glaubte fest an ihn und daran, dass Jesus Christus der Mittler zwischen ihr und Gott sei. Nur hatte der Gott, an den sie glaubte, nichts mit dem Gott zu tun, den die katholische Kirche repräsentierte und so führte sie die Vorstellung von einem Gott der Liebe und der Fülle kurz vor ihrem achtzehnten Geburtstag zu einer Veranstaltung der Zeugen Jehovas. Sie und ihr damaliger Freund Ivan, die damals beide von ihren katholischen Familien überfordert waren und nicht genau wussten, was sie wollten, beschlossen heimlich und ohne Erlaubnis ihrer Eltern zu dieser Veranstaltung zu gehen. Nachdem sie ihre Eltern belogen hatten, trafen sie sich mit einer Familie, die an der Veranstaltung teilnahm und stiegen in deren Auto. Doch auf dem Weg dorthin geschah etwas, das Viktoria dazu brachte, sich auch von dieser Religion zu distanzieren, bevor sie sie überhaupt kennengelernt hatte. Während der Fahrt zu dem 100 km entfernten Veranstaltungsort hörten sie plötzlich einen lauten Knall und das Auto schlingerte nach links und rechts. Alles geschah in Sekundenschnelle, wie in einem Traum und aus den Augenwinkeln sah sie, wie ein Rad in die Böschung krachte. Der Schreck lähmte ihren Körper, als sie begriff, was geschehen war und sie brachte kein Wort heraus. Das Auto hatte eines der beiden Hinterräder verloren. In diesen Sekunden des Schreckens realisierte sie, dass dies vielleicht ihre letzte Autofahrt sein könnte und sie krallte sich versteinert und hilflos am Autositz fest. Doch dann geschah etwas, genau in dem Moment, als der Fahrer schrie, dass er die Kontrolle über das Auto verloren habe. Mit einer raschen Bewegung zog das Auto ganz nach rechts, als ob es plötzlich gestoßen worden wäre und der Fahrer stieß einen verzweifelten Schrei aus. Dann herrschte Stille.

«Mein Gott!«, flüsterte Viktoria unter Tränen, als das Auto plötzlich auf dem Standstreifen zum Stehen kam.

«Bist du verletzt?«, fragte Ivan panisch und nahm sie in die Arme.

«Das ist die Strafe«, flüsterte sie.

Hatte ihnen dieses Ereignis etwas zu sagen? Wurden Viktoria und Ivan bestraft, weil sie ihre Eltern angelogen hatten?

Als Christen werden wir nie für unsere Sünden bestraft. Das ist schon ein für alle Mal geschehen. "Für die, die in Christus Jesus sind, gibt es keine Verdammnis" (Römer 8,1). Durch das Opfer Christi sieht Gott, wenn er uns ansieht, nur die Gerechtigkeit Jesu Christi. Unsere Sünde wurde mit Jesus ans Kreuz genagelt und wir werden nie dafür bestraft werden.

Viktoria verstand dieses Ereignis als Zeichen und distanzierte sich vorab auch von den Zeugen Jehovas.

Im Laufe der Jahre wurde sie von ihrer Familie immer mehr als Rebellin angesehen. Sie hatte Zukunftsvisionen und sprach auch offen darüber. Sie träumte von Erfolg und Wohlstand, hörte auf, die Kirche zu besuchen, las das Evangelium und verbrachte viel Zeit bei ihrem Freund Ivan. Ihre Eltern, die mit ihrem Verhalten, ihrer angeborenen Emanzipation und ihrer Denkweise völlig überfordert waren, schoben alles auf ihre Beziehung zu Ivan und verboten ihr, ihn zu sehen.

In einer immer komplizierter werdenden Familiensituation, nach dem plötzlichen Tod seines Vaters und weil er sich als einziger Sohn verpflichtet fühlte, seine Mutter finanziell zu unterstützen, beschloss Ivan, zu seinen Cousins nach Deutschland zu gehen, um dort zu arbeiten, während Viktoria in Kroatien blieb. Doch plötzlich machte der Krieg einen Strich durch die Rechnung und nach ein paar Monaten musste Ivan zurückkehren, um Viktoria abzuholen und sie flohen gemeinsam aus ihrem Land, nur mit ein paar Kleidern in einer Tasche.

Was zum Teufel! Wo sind wir hier gelandet?›, fragte sie sich, als sie einen Hochhauskomplex in einem Vorort von Mannheim sah. Dann

14

hielt die Straßenbahn.

«Wenn du aufhörst zu schlafen, können wir aussteigen, wir sind in unserer Wohnung angekommen», sagte Ivan.

«In unserer Wohnung? Hier wohnen aber noch mindestens 30 andere Familien. Bist du sicher?», fragte sie erstaunt und erinnerte sich an die einsamen Häuser in ihrem Dorf und an das Haus ihrer Eltern mit dem Weinberg als Garten.

«Du wirst dich bald daran gewöhnen», antwortete er knapp.

«Hast du die letzten Monate hier gewohnt?», fragte sie erstaunt.

«Ja.»

Schweigend folgte sie ihm, in der Gewissheit, dass sie sich als Mädchen vom Lande nie an diese Wohnsituation gewöhnen würde, während in ihrem Kopf bereits die Vision eines Hauses am Stadtrand mit viel Land, einem Gemüsegarten, einigen Obstbäumen, ein paar Ziegen, Hühnern und anderen Tieren entstand.

War ihr Wunsch nach Wohlstand zu kühn?

Die Bibel sagt im Epheserbrief (Eph. 3,20), dass Gott unendlich viel mehr tun kann, als wir zu erbitten vermögen. Durch die Kraft des Heiligen Geistes in uns kann Gott unendlich viel tun, weit über unsere Vorstellung hinaus. Gott ist fähig. Der Geist ist mächtig. Deshalb können wir mehr sein, als wir uns vorstellen können!

«Diese Wohnung ist so klein wie unser Kaninchenstall», sagte Viktoria mit Blick auf die etwa 40 Quadratmeter kleine Wohnung.

«Klein, aber fein», bestätigte Ivan fröhlich.

«An so wenig Platz werde ich mich nie gewöhnen. Ich möchte in einem Haus wohnen, sobald wir finanziell besser gestellt sind.»

«Dann hoffe ich, dass wir bald im Lotto gewinnen», sagte er

amüsiert.

«Und ich wünsche mir Erfolg, denn statistisch gesehen ist das viel wahrscheinlicher als ein Lottogewinn!«

«Möge Gott all deine Erfolgspläne segnen, auch deine Misserfolge und dich ermutigen, weiterzumachen, auch wenn du so hartnäckig bist.«

›Das wird er›, dachte sie.

Nachdem Viktoria schon seit Jahren den Wunsch geäußert hatte, eine erfolgreiche Geschäftsfrau zu werden, blieb Ivan nichts anderes übrig, als die Hartnäckigkeit seiner jungen Frau zu akzeptieren.

Aber was bedeutet Erfolg im Leben?

Für viele wird Erfolg an Ergebnissen gemessen, sei es im wirtschaftlichen, beruflichen oder akademischen Bereich. Für andere zählen die Beziehungen zu Familie, Freunden oder Arbeitskollegen. Diejenigen, die Gott dienen, haben vielleicht das Gefühl, dass ihr Erfolg von ihren theokratischen Ämtern oder ihren Leistungen im Dienst abhängt. Jeder Mensch hat eine andere Sichtweise und ein anderes Bedürfnis nach Erfolg und Erfolgserlebnissen. Manche Menschen wissen genau, welche Art von Erfolg sie anstreben, andere möchten erfolgreich sein, wissen aber nicht, in welchem Bereich. Gerade für letztere ist es hilfreich, eine Liste von Menschen zu erstellen, die sie für erfolgreich halten, die sie bewundern und respektieren. Durch aufmerksames Beobachten dieser Menschen und ihrer Eigenschaften kann es gelingen deren Erfolgsrezept herauszufinden. Sind diese Personen reich, berühmt oder einflussreich? Sind sie gesellschaftlich aktiv? Haben sie viele Freunde und eine wunderbare Familie? Unsere Antworten auf diese einfachen Fragen werden uns zeigen, was wir in unserem Herzen tragen. Und was wir in unserem Herzen tragen, hat großen Einfluss auf die Entscheidungen, die wir treffen und auf die Ziele, die wir verfolgen. - Lukas 6,45.

Aber was war mit Ivans Zielen? Hatte er auch welche? Oder war es nur Viktoria, die nach Erfolg strebte?

«Ich bewundere deine Fähigkeit, an den Erfolg zu glauben und vor allem daran, dass Gott dir helfen wird, ihn zu erreichen. Weißt du, auch wenn die Welt in den 90er Jahren moderner geworden ist, ist es immer noch so, dass Männer diejenigen sind, die das Sagen haben und das meiste Geld verdienen. Frauen wurden für ganz andere Zwecke geschaffen.

«Aha, ich verstehe. Und zu welchem besonderen Zweck wurde die Frau deiner Meinung nach erschaffen?«, fragte sie irritiert.

«Nun, als der Herr die Frau schuf, war es sein sechster Schöpfungstag, er machte Überstunden, war sicher müde und da Frauen bekanntlich unerschöpflich sind, schuf er eine, um dem Mann zu helfen. Denn wenn die Frau nicht erschaffen wurde, um dem Mann zu helfen und Kinder zu gebären, wozu wurde sie dann erschaffen?«

«Sag mal, bist du blöd? Wo genau in der Bibel hast du diese Information über die Frauen gefunden, hm? Du scheinst der Einzige auf der Welt zu sein, der weder nach Erfolg noch nach Glück strebt«, fuhr sie ihn gereizt an.

Offensichtlich orientierte sich Ivan am patriarchalischen Vorbild des katholischen Glaubens.

Aber Gott, unser liebender Vater will, dass wir Glück und Freude finden und zwar unabhängig von den gängigen Klischees der katholischen Kirche. Er hat uns auf die Erde gesandt, damit wir lernen und uns durch Erfahrungen, seien sie angenehm oder auch schmerzlich, weiterentwickeln. Er lässt uns die freie Wahl zwischen Gut und Böse. Auch Ivan hatte mit seiner Entscheidung, Kroatien zu verlassen und nach Deutschland zu gehen, gezeigt, dass er Ziele hatte, auch wenn er nicht so offen und häufig darüber sprach wie Viktoria.

Nur Viktoria hatte eine andere Art, an ihren Erfolg zu glauben, in ihr brannte das Feuer der Leidenschaft, auch wenn alle um sie herum daran zweifelten. Egal wie steil der Weg auch war. "Letzten Endes kommt das Feuer von Gott selbst" (Hebr 12,29; Dan 7,9-10).

Sie glaubte an Gottes Plan, obwohl sie nicht alle Antworten kannte.

Die meisten Menschen sehnen sich nach Erfolg, aber viele versuchen gar nicht erst, erfolgreich zu werden, weil sie Angst haben, Fehler zu machen oder zu versagen, obwohl wir alles in uns tragen, was wir brauchen, um erfolgreich zu sein. Sie rechtfertigen sich damit, dass sie Pech haben oder dass Gott nicht will, dass sie erfolgreich sind. Aber meistens ist es nicht Gott, der nicht an uns glaubt, sondern wir selbst und das ist der einzige Grund, warum wir oft unsere Ziele nicht erreichen oder sich der gewünschte Erfolg nicht einstellen kann. Manchmal ist es auch die Arroganz, die uns am Erfolg hindert oder den Erfolg, den wir haben, wieder verspielt.

Auch in der Bibel finden wir entsprechende Zitate;

„Die Pläne eines fleißigen Mannes führen sicher zu Reichtum, aber wer sich beeilt, stürzt nur ins Unglück."

Nun, heute, im 21. Jahrhundert, muss man zunächst einmal sagen, dass der Wunsch nach sofortigem Erfolg durch das ständige Bombardement der Massenmedien noch verstärkt wird. Wer nicht erfolgreich ist, wird von der Gesellschaft ausgegrenzt. Alle Möglichkeiten Geld zu verdienen, werden mit verlockenden Versprechungen und Schmeicheleien angeboten, die so überzeugend formuliert sind, dass sie vor allem bei jungen Menschen den Eindruck erwecken, alles sei sofort, ohne Schwierigkeiten, ohne langes Warten und vor allem ohne Gegenleistung zu erreichen. Diese verlockenden Angebote außergewöhnlicher Arbeitsmöglichkeiten lassen die Menschen glauben, dass alles zum Greifen nahe ist, ohne dass dafür Einsatz, Fleiß und Ausdauer erforderlich wären.

Während man früher zur Armut erzogen wurde, ist Wohlstand heute fast zur Pflicht geworden. Aber diese verzerrte Sicht des Daseins und dieser Rausch des leichten Erfolgs sind nur eine Illusion, denn sie schaffen soziale, moralische und spirituelle Probleme, die an der Wurzel all der grausigen Realität der Welt liegen, in der wir leben. Unsere Gesellschaft ist "krank", voller Ängste und Unglück. Ganz im Gegensatz zu den vielgepriesenen Theorien, die besagen, dass der Einzelne den Gipfel der Heiterkeit und des Glücks erreicht, wenn er ein bequemeres Leben führt, in komfortableren Häusern wohnt, weniger und mit geringerer Anstrengung arbeitet und Schwierigkeiten aus dem Weg geht. All dies gibt uns nicht das Gefühl, dass Erfolg etwas Positives mit sich bringt. Aber wenn Erfolg negative Dinge mit sich bringt, ist es dann richtig, ihn anzustreben?

Nun, bevor wir diese Frage beantworten können, müssen wir zunächst die Bedeutung des Wortes "Erfolg" definieren. Ein bekanntes Lexikon beschreibt Erfolg als "ein günstiges Ereignis oder

der erfolgreiche Ausgang einer Unternehmung". Wenn dies die Definition ist, dann gibt es auch eine Erfolgsgarantie für diejenigen, die an Christus glauben, denn die Bibel sagt über die göttliche Weisheit, die von vielen Auslegern als 'Typus' für Christus selbst angesehen wird: 'Mein ist der Rat und der gute Erfolg ...' (Sprüche 8,14). In diesem Vers sind mindestens drei Wahrheiten enthalten: Der Herr ist der Urheber des Erfolges; der Erfolg ist die Folge der Annahme seines Rates. Natürlich gibt es auch Erfolge, die nicht 'gut' sind. Nur der Erfolg, der von Gott kommt, ist gut. Andere Erfolge sind nicht erstrebenswert. Dieser Vers, der als grundlegend zu diesem Thema angesehen werden muss, wurde unter der Eingebung des Heiligen Geistes von einem Mann geschrieben, der so erfolgreich war wie vielleicht nur wenige andere in ihrem irdischen Leben: König Salomo. Er, der 'weiser war als alle Menschen', bat Gott um Weisheit und Gott gab ihm Reichtum (1. Könige 4,31); er erkannte, dass "guter Erfolg" nur von 'göttlicher Weisheit' kommen kann. Dieser 'Erfolg' ist jedoch nicht das, was die Welt gemeinhin darunter versteht. Es handelt sich nicht um ein 'günstiges Ereignis', sondern um einen 'guten Erfolg' und in diesem Sinne ist der Erfolg all denen garantiert, die Jesus Christus als ihren Retter und Herrn angenommen haben und ihm treu nachfolgen.

Wenn wir an die vielen Verse in der Bibel denken, können wir sagen, dass uns kein Vers bekannt ist, in dem es heißt: 'Sei ein Faulpelz und der Erfolg ist dir sicher'.

Als Viktoria 1991 nach Deutschland kam, machte sie sich sofort auf die Suche nach Arbeit. Da sie sich in einem multikulturellen Land befand, sah sie keinen Grund, sich von ihren mangelnden

Sprachkenntnissen aufhalten zu lassen. So begann sie in kroatischen Restaurants und Schneidereien zu arbeiten, wo sie im direkten Kontakt mit Publikum Deutsch lernen konnte.

«Welche Sprache sprichst du gerade?«, fragte Ivan amüsiert.

«Deutsch«, antwortete Viktoria.

«Das denkst du«, betonte Ivan grinsend.

«Ich kann nicht verhehlen, dass es Situationen gibt, in denen ich das Gefühl habe, nicht schnell genug zu lernen und die sehr frustrierend sind. Bei der Arbeit gibt es auch viele lustige Situationen, zum Beispiel, wenn Wörter in umgekehrter Reihenfolge ausgesprochen werden und eine ganz andere Bedeutung bekommen, als sie eigentlich haben sollten. Aber ich lasse mich nicht so schnell entmutigen.

«Ja, das verstehe ich. Am Anfang hatte ich beim Einkaufen immer mein Wörterbuch Kroatisch-Deutsch dabei, damit ich die Namen der Lebensmittel übersetzen und mich an der Kasse verständigen konnte. Außerdem hatte ich große Probleme mit der D-Mark, so dass ich auch mit dem Währungsumtausch zu kämpfen hatte. Und wie jeder andere hatte auch ich hin und wieder Arzttermine oder Papierkram bei der Stadtverwaltung zu erledigen, denn bekanntlich ist der Aufenthalt in Deutschland nur mit einer Aufenthaltsgenehmigung möglich und die wird nur erteilt, wenn man arbeitet«, sagte er.

«An all diese Dinge habe ich nicht gedacht, als ich noch in Kroatien war. Ich wusste nicht, was mich erwartet, aber ich wusste, dass ich diese Lebenschance ergreifen würde.

Der Wille zum Erfolg war stärker als die Hindernisse. War es also gut, sich als Christ Ziele zu setzen?

Die Antwort ist einfach: Ja, es ist gut, Ziele zu haben! Auch Jesus hatte Ziele. Gott will, dass wir mit einem Ziel leben, nicht wahllos. Die Tatsache, dass wir Fragen stellen und nach seinem Willen suchen, bedeutet, dass wir dieses Leben gut nutzen wollen. Sein Wort wird uns helfen, die richtigen Ziele zu verfolgen und motiviert zu bleiben, diese letztlich auch zu erreichen.

Aber erwarte nicht, dass du in der Bibel eine Liste von Dingen findest, die du tun sollst, oder eine schnelle Erfolgsformel, um deine Ziele zu definieren. Wenn es so einfach wäre, könnten wir diese Liste lesen, sie abhaken und nie wieder mit Gott über unsere Pläne sprechen. Hier geht es nicht darum, Regeln zu befolgen, sondern darum, eine Beziehung zu dem aufzubauen, der dich geschaffen und dir einzigartige Gaben und Talente gegeben hat, die du einsetzen kannst: Gott selbst.

Kapitel 2 Verbindungsloses Leben

«Ich glaub, ich muss kotzen«, sagte Viktoria mit blassem Gesicht und hielt sich die Hand vor den Mund.

«Kein Wunder, vor lauter Arbeit hast du bestimmt schon wieder das Mittagessen ausfallen lassen.«

«Du redest dummes Zeug!«

«Und du lebst nur für deine Arbeit!«

«Meine Periode ist überfällig...«, fügte Viktoria hinzu.

«Siehst du? Ich sage immer, Stress ist die Wurzel allen Übels«, sagte Ivan überzeugt.

«Und Liebe ist das Herz der Schöpfung«, fügte sie hinzu.

«Das ist doch sicher alles ein Resultat deiner vielen Arbeit, hast du vor lauter Überstunden den Verstand verloren?«

«Ich bin schwanger ...«

Genau vier Monate nach ihrem dreiundzwanzigsten Geburtstag stellte Viktoria fest, dass sie schwanger war. Was sie als junges Mädchen ihren Freundinnen erzählt hatte und wofür sie belächelt worden war, war wahr geworden: Mit dreiundzwanzig Jahren erwartete sie ihr erstes Kind. War es nur ein Zufall?

«Du wirkst heute gestresst und lustig zugleich. Du nimmst doch die Pille, wie kannst du da schwanger sein?«, fragte Ivan amüsiert. Doch dann holte sie etwas aus ihrer Tasche und reichte es ihm.

«Was ist das für ein komisches Stäbchen?«, fragte Ivan.

«Das ist ein positiver Schwangerschaftstest. Den habe ich auf der Arbeit gemacht.«

«Ach du Scheiße!«, antwortete er geschockt.

Ausgerechnet sie, die Rebellin, das schwarze Schaf in ihrem Freundes- und Familienkreis, sie, die sich von der Religion abgewandt hatte. Sollte sie in den Augen Gottes nicht weniger angesehen sein? Hartnäckig folgte sie dieser inneren Stimme, trotz aller Ängste und aller Hürden, die sie in Ihrem Leben zu überwinden hatte. Diese Hartnäckigkeit, anders zu denken, anders zu sein vertrieb im Laufe der Jahre einige Menschen aus ihrem Privat- und Berufsleben. Es begegneten Ihr stattdessen neue Menschen mit ähnlicher Denkweise, die ihr auf magische Weise zur nächsten Ebene verhalfen. Sie schien ein entschlossenes schwarzes Schaf zu sein, das genau wusste, was es wollte. Ein schwarzes Schaf nur deshalb, weil Sie nicht tat, was andere von ihr verlangten und Sie sich in kein klassisches Rollenbild zwängen ließ.

Warum muss ich normal und unauffällig sein, wenn ich doch das Beste aus mir herausholen kann?
fragte sich Viktoria jedes Mal, wenn Menschen um sie herum ihr sagten, sie solle doch realistisch sein. Viktoria glaubte fest daran ein Recht auf Erfolg im Leben zu haben und hatte auch keine Angst davor diesen zu erreichen.

«Ist 'Scheiße' alles, was du dazu zu sagen hast?«, fragte sie empört.

«Wir sind erst 23 und 25 Jahre alt und erst seit ein paar Jahren in Deutschland. Wir haben keine Familie, die uns unterstützt. Außerdem wolltest du doch Karriere machen, wie soll das gehen?«, fragte er verblüfft.

«Ist das dein Ernst? Wir sind doch eine Familie! Außerdem leben wir in einem Land voller Möglichkeiten und ich habe nicht vor, den Rest meines Lebens als Hausfrau zu verbringen, nur weil ich Kinder bekommen habe. Ich werde meine Karrierechancen nicht davon abhängig machen, ob ich 'Mutter werde', ich habe genug Kraft in mir, um beide Aufgaben perfekt zu meistern. Außerdem kann ich mein brennendes Verlangen nach Erfolg nicht auslöschen, denn es ist in mir, ich spüre Wohlstand und Reichtum tief in mir, es ist ein Geschenk Gottes, das sich früher oder später auch im Außen zeigen wird«.

«Ach, Viktoria! Wir sind in einem anderen Land geboren, uns wurden ganz andere Werte vermittelt. Ich fühle mich verwurzelt in meinen Werten und Traditionen. Wenn Frauen Kinder bekommen, widmen sie sich ganz der Familie. Sogar der Pfarrer hat im Gottesdienst immer gesagt, dass die Frauen heutzutage immer ungehorsamer werden und für immer mehr Gleichberechtigung kämpfen!

«Ja, genau, die katholische Kirche. Du scheinst vergessen zu haben, warum ich damals den Gottesdienst verweigert habe. In Epheser 5,21-33 steht, dass sich Männer und Frauen aus Respekt vor Christus einander unterordnen sollen. Die katholische Kirche versucht seit Jahren, die Rechte der Frauen in Kroatien einzuschränken. Ich muss nicht in Deutschland sein, um zu wissen, dass Männer nicht an erster Stelle stehen, denn auch Frauen haben Rechte! Jeder weiß, dass die ultrapatriarchale Organisation des Vatikans zusammen mit den islamischen Staaten seit Jahren versucht, die Rechte und Freiheiten der Frauen einzuschränken. Der Gott, an den ich glaube, ist ein Gott der Liebe, kein Gott der Einschränkungen. Er ist ein Gott der Lebenden, nicht der Toten! Markus 12«.

«Hörst du dir eigentlich selbst zu? Kaum bist du schwanger, spielen wohl schon deine Hormone verrückt. Du klingst wie eine emanzipierte Feministin!«

Obwohl sich Viktoria und Ivan in der Vergangenheit beide von der katholischen Kirche distanziert hatten, kam Ivans spirituelle Entwicklung irgendwann zum Stillstand. Er schien die innere Führung, die Viktoria seit ihrer Kindheit spürte und der sie folgte, weder zu hören noch zu beachten. Beide lasen lange Zeit das Evangelium, doch während Viktoria nach ihrem Austritt aus der katholischen Kirche einen klaren geistlichen Weg ging, fiel Ivan in alte Muster zurück. Das führte zu unterschiedlichen Denkweisen und Auseinandersetzungen zwischen den beiden.

«Sind das die Grundwerte, die du unseren Kindern vermitteln willst?«, fragte sie mit ernstem Blick.

«Jeder von uns gibt die Werte weiter, die ihm gegeben wurden«, antwortete er.

«Das wird zu Problemen führen, das sehe ich schon kommen! Denn in unserer Familie wird es keine Generation mehr geben, die mit 'Armut oder Frauenunterdrückung' aufwachsen muss«, antwortete sie zuversichtlich.

Nach einigen Jahren in Deutschland schien Ivan die wahre Natur seiner Frau vergessen zu haben, nämlich dass Viktoria schon in jungen Jahren eine bestimmte Art der elterlichen Erziehung abgelehnt hatte. Diese Ablehnung brachte ihr den Titel 'schwarzes Schaf' ein. Eine solche Erziehung hätte in ihrem eigenen Familienleben keinen Platz gehabt, denn sie war mit den Genen des Erfolgs geboren. Fleißig und ohne einen Tag auszulassen, begann Viktoria zu arbeiten, als sie nach Deutschland kam. Ohne Internet, ohne Google, in einem fremden Land und mit Sprachbarrieren gelang es ihr, bereits einen Tag nach ihrer Ankunft einen Job zu finden. Hatte sie dieses Glück erwartet, als sie nach Deutschland kam? Nein, natürlich nicht. Schon als Ivan vor Beginn des Kroatienkrieges in Deutschland ankam, begannen die ersten Pläne für Viktoria. Jeden Tag, wenn er das Haus verließ, sei es zum Supermarkt oder zur Arbeit, notierte er sich Firmennamen, die für Viktoria als Berufsanfängerin geeignet sein könnten. So konnte Viktoria gleich am nächsten Tag nach der Ankunft in Deutschland bei einer kroatischen Schneiderin vorstellig werden und nach Arbeit fragen.

Kann man sagen, dass sie das Glück mit offenen Armen empfangen hat?

Nun, wenn man bedenkt, dass Viktoria zwischen 1991 und 1994, kurz vor der Geburt ihres ersten Kindes, alle möglichen Jobs gemacht hatte, von der Putzfrau über Altenpflegerin, Näherin und schließlich Verkäuferin in einem kroatischen Lebensmittelgeschäft kann man sagen, dass sie gearbeitet hatte wie die Hölle. Für andere Tätigkeiten waren Ihre Deutschkenntnisse noch zu gering.

Nach der Geburt ihres zweiten Kindes kam jedoch die Wende: 1997 nahm sie eine Stelle bei Lidl an, die sie 2001 verließ, um eine besser bezahlte Stelle in einem Elektronikfachmarkt anzunehmen. In dieser Zeit absolvierte sie mehrere Computerkurse, die ihr 2002 eine Stelle als Sachbearbeiterin bei der BASF in Ludwigshafen ermöglichten.

Erst nach 11 Jahren harter Arbeit in Deutschland ging ihr Traum in Erfüllung. Endlich fand sie einen Bürojob in einem weltbekannten Unternehmen und wurde eine Geschäftsfrau, genau die Frau, die sie in ihren Kindheitsvisionen gesehen und ihren Freunden davon erzählt hatte.

Im selben Jahr, in dem sie ihren 32. Geburtstag feierte, hatte sie ihre

Kindheitsvisionen in einem fremden Land, mit einer fremden Sprache und weit weg von ihrer Familie verwirklicht.

In den ersten 11 Jahren ihres Lebens in Deutschland hat Viktoria fleißig und ruhig alle Stationen durchlaufen. Sie hat immer wieder den Job gewechselt, um den nächsten Entwicklungsschritt zu machen und ist Mutter von zwei Kindern geworden. Zudem hat Sie an Weiterbildungsprogrammen teilgenommen und dann ihren Höhepunkt bei der BASF in Ludwigshafen am Rhein als Vertriebsmitarbeiterin im Innendienst erreicht. Ihre Freundinnen, die ebenfalls einen Migrationshintergrund hatten, waren begeistert und neidisch zugleich. Doch innerlich wusste sie, dass sie noch mehr hätte erreichen können. Vielleicht hatte sie auch das Bedürfnis, sich zu beweisen, nachdem sie in einem wirtschaftlich angespannten Umfeld aufgewachsen war.

War es richtig, mehr wagen zu wollen? Was hält unser Gott davon, dass wir Menschen uns beweisen wollen und was sagt die Bibel dazu?

Wir alle wollen von anderen angenommen werden. Schon Kinder lernen, die Signale derer zu verstehen, denen sie gefallen wollen und passen ihr Verhalten entsprechend an. Wenn wir jedoch einen Großteil unserer Bestätigung und unseres Selbstwertgefühls in der Meinung anderer suchen, sind wir auf dem falschen Weg, denn die Meinungen der Menschen ändern sich ständig und wenn wir ihnen zu viel Bedeutung beimessen, werden wir immer wieder enttäuscht. Wenn wir zum Beispiel nach Beliebtheit als Mittel zum Glück streben, betreiben wir Götzendienst. Wenn wir unseren persönlichen

Wert in etwas oder jemand anderem als in Gott finden, schaffen wir uns ein Idol, etwas, das wir benutzen, um tiefe, aufrichtige Wünsche zu erfüllen, die nur Gott erfüllen kann. Wenn wir aber das tun, was wir lieben, wenn wir es für uns selbst tun und wenn wir es mit Leidenschaft tun, dann werden wir auf allen Ebenen erfolgreich sein. In Galater 1,10 heißt es: "Suche ich die Anerkennung der Menschen oder die Anerkennung Gottes? Oder trachte ich danach, den Menschen zu gefallen? Denn wenn ich den Menschen zu gefallen suche, so bin ich nicht ein Knecht Jesu Christi". Nach diesem Vers können wir nicht Gott und der Welt gleichzeitig gefallen.

In ihrem Eifer, zu beweisen, was sie konnte,
fand sich Viktoria bald in einer Einbahnstraße wieder, gefangen in einer Ehe, in der es nur um Konkurrenz ging. Und die Kinder waren die Zuschauer. Aus einer romantischen Liebesbeziehung wurde bald ein Wettstreit um mehr Geld, denn Ivan entwickelte inzwischen auch eine Leidenschaft für Führungspositionen. Irgendwann konnte ihr Job bei der BASF nicht mehr mit dem Gehalt ihres Mannes mithalten, sie bildete sich in Wochenendkursen weiter, gründete 2012 ihre eigene Immobilienfirma und verließ die BASF.
Als mitten in den Jahren des Immobilienbooms eine unglaubliche Auftragsflut einsetzte, hatte Viktoria das Gefühl, zur richtigen Zeit am richtigen Ort zu sein. Solche gigantischen Umsätze hatte sie noch nie in ihrem Leben gesehen. Voller Enthusiasmus, aber auch voller Schuldgefühle gegenüber den Familien, die sich diese Summen nicht immer leisten konnten, schrieb sie nach den Notarterminen wahnsinnige Rechnungen. Bald galt sie bei Familie und Freunden als sehr reich. Die Menschen um sie herum schätzten sie, ihre Kunden waren regelrecht begeistert von ihrer Arbeit und sie wurde über

Nacht Teil einer neuen Gesellschaftsschicht. Die immer härter werdenden Arbeitszeiten, kompensierte Sie mit dem Kauf teurer materieller Güter. Sie kaufte Immobilien, um sie zu vermieten, machten immer teurere Urlaube, manchmal an Orten, an denen sich ihre Kinder langweilten und kehrten nach zwei Wochen frustriert nach Hause zurück. Das Schlimmste aber war: Je mehr sie verdienten, desto mehr Geld brauchten sie zum Leben und irgendwann drehte sich ihr Leben nur noch um die Arbeit.

Alles war ein ständiger Kampf und nach kurzer Zeit hatten sie eine toxische Beziehung. Je mehr Monate vergingen, desto mehr fehlte ihr die Energie, ihr Geist wurde leer, sie hatte keine Kreativität mehr und erst fünf Jahre, nachdem sie ihre Selbständigkeit begonnen hatte, empfand sie eine Art Ekel davor, denn sie begann zu erkennen, dass sie ihre Freiheit verloren hatte und sich selbst zu verlieren begann. Sie war von allem abgeschnitten, von sich selbst, von ihrer Familie und von Gott. Aber das schreckte sie nicht ab, denn ihr Lebensstandard war inzwischen so hoch, dass sie keine andere Wahl hatte, als weiter unermüdlich Geld zu scheffeln. Ihr Körper schickte ihr mehrere "Warnzeichen" um ihr mittzuteilen, dass sie überlastet war, doch leider ignorierte Sie diese. Letztlich musste sie schmerzlich erfahren, welche Folgen es haben kann, wenn man die Warnzeichen des Körpers ignoriert. Auf Grund schnell wachsender Tumore, mussten Ihr schließlich beide Brüste amputiert werden.

Sie war erfolgreich, die Leute bewunderten sie, sie verdiente viel Geld, aber sie wurde krank. Wie konnte das passieren?

Jeder, der Erfolg sucht, ohne an Gott und seine Familie zu denken, ist ein Versager", hörte sie im Radio auf dem Weg zu einem weiteren Arztbesuch nach ihrer Brustamputation.

In einer so dramatischen Situation wie ihrer Krankheit merkte sie, dass es ihr gut tat einen Moment innezuhalten und nachzudenken; 331Wie sieht mein Lebensweg aus? In welche Richtung gehe ich, wo will ich hin?

In den letzten Jahrzehnten hatte sich die so genannte 'Wohlstandstheologie' in allen Kreisen der Gesellschaft verbreitet. Wir sind geschaffen, um in Fülle, Freude, Frieden und Reichtum zu leben. Der Glaube an Gott ist das Mittel, um Gesundheit, Reichtum, Erfolg und irdische Macht zu erlangen.

Und auch sie passte ihr Leben immer mehr dieser Theologie an, schließlich war sie von Kindheit an auf Erfolg programmiert, denn Gott war ihr stiller Coach. Aber warum wurde sie dann krank, wenn Gott den Gläubigen Gesundheit, wirtschaftlichen Wohlstand und sozialen Erfolg mit göttlichem Recht garantieren will?

In unserer Welt, in der alles käuflich ist, folgt auch das religiöse Leben einer kommerziellen Logik des Austauschs mit Gott und die Betonung liegt auf dem Besitz von materiellen Gütern und Gesundheit als sichtbares Zeichen des Glaubens an Gott. Wer sich zu Jesus bekehrt, überwindet den Fluch des Gesetzes" (Gal 3,13-14), d.h. Krankheit und Elend, wie es in Deuteronomium 28 heißt. Der Christ hat das Recht auf materielle Güter, auf Gesundheit als sichtbares Zeichen seines Glaubens an Gott. Der Christ hat das Recht, das Beste auf dieser Erde zu haben, also ein schönes neues Auto, schicke Kleider, ein Leben in Luxus und alles zu genießen, was die Konsumwelt zu bieten hat. Für diejenigen, die ein schlechtes Gewissen gegenüber den Armen entwickelt haben, wurde das Motto erfunden: "Wenn du deinen Anteil deiner Kirche gibst, wird Gott dich mit Erfolg und Überfluss segnen. Wenn du nicht bekommst, was du dir wünschst, dann hast du wenig Glauben und wenn du deinen Anteil nicht bezahlst, dann bleibst du an den Teufel gebunden und lebst ein Leben im Elend.

Während Viktoria in der Vergangenheit dazu erzogen wurde, arm zu sein, weil die katholische Kirche sagte, dass nur die Armen ein reines Herz haben und von Gott angenommen werden können, wird die Menschheit heute dazu erzogen, reich zu sein, allerdings auf der Grundlage der neuen Wohlstandstheologie.

War Viktorias Erfolg also verdammt, weil sie um Steuern zu sparen offiziell aus der katholischen Kirche austrat, als sie ihr Unternehmen gründete? War Gott der Meinung, sie habe aus Habgier gehandelt und bestrafte sie nun mit Krankheit?

Viktoria hatte sich schon als junges Mädchen nicht mehr zur katholischen Kirche zugehörig gefühlt und beschlossen, früher oder später offiziell auszutreten. Konnte sie daraus schließen, dass Gott sie mit Verspätung bestraft hatte? Hatte sie den Zorn Gottes auf sich gezogen und war mit Krankheit bestraft worden?

Wie konnte es sein, dass sie nach Jahren großer Visionen, in denen sie Gottes Beistand in allem spürte, was sie tat, plötzlich ihre Gesundheit verlor? Kümmerte sich Gott nicht mehr um sie?

Welcher Mensch braucht in Zeiten der Ungewissheit und Prüfung nicht Bestätigung? Wer ist sich seiner selbst so sicher, dass er keine Ermutigung braucht, die ihm Halt im Leben gibt?

In dem Moment, in dem Viktoria sich zerbrechlich fühlte und Gottes Führung und Gegenwart mehr als alles andere brauchte, spürte sie ihn nicht mehr, spürte sie seine Gegenwart nicht mehr. Aber, um ehrlich zu sein, sie hatte schon lange nicht mehr an ihn gedacht oder ihn gesucht, sie hatte ihn buchstäblich vergessen. Auch ihre Visionen waren verschwunden, sie hatte keine neuen Ziele, alles drehte sich um ihre körperliche Genesung, sie musste funktionieren, sie wollte nur schnell gesund werden, um wieder arbeiten zu können, denn als selbständige Immobilienmaklerin hatte sie nicht nur das Privileg große Rechnungen schreiben zu dürfen, sondern hatte auch viele monatliche Fixkosten, die gedeckt werden mussten. Sie war im

Hamsterrad gefangen. Alles drehte sich darum, Geld zu verdienen, ihren Verpflichtungen nachzukommen, Autos zu unterhalten und Urlaube zu finanzieren. Sie fühlte sich wie eine Maschine, die um jeden Preis laufen musste. Völlig isoliert von sich selbst und ihren Emotionen, hatte sie sich verloren.

Wenn ich von mir selbst abgeschnitten bin, wie kann ich dann mit Gott verbunden sein? Unmöglich›, dachte sie in sich gekehrt.

Da das grundlegende Ziel unseres Lebens persönliches Wachstum und Erfolg ist, muss es Momente der Prüfung und der Schwierigkeit geben, die uns die Möglichkeit geben, uns zu entwickeln. Doch Viktoria hatte das Gefühl, von dieser Entwicklung völlig abgeschnitten zu sein.

Das Einzige, was sie spürte, waren die Prüfungen, denen sie sich unterziehen musste33 und wie alle anderen "Warnzeichen" ignorierte sie sie, kämpfte weiter um ihre Arbeit, schlitterte einige Jahre lang von einem Unglück ins nächste, unterzog sich mehreren Brustoperationen, die es ihr fast unmöglich machten, zur Arbeit zu gehen und verlor innerhalb von zwei Jahren alles, was sie sich aufgebaut hatte. Auch ihre Ehe überlebte nicht. Sie verbrachte Tage und Wochen damit, sich zu fragen, warum. Es fühlte sich an wie ein Alptraum, oder besser gesagt, wie der Tod. In den fünf Jahren, in denen sie als selbstständige Immobilienmaklerin gearbeitet hatte, war es ihr gelungen, das aufzubauen, was manche Menschen in 40 Jahren harter Arbeit nicht schafften. Doch schon zwei Jahre danach hatte sie alles verloren. Ein Sturm hatte ihr Leben aus der Bahn geworfen.

In diesem Moment tiefer Dunkelheit begann sie etwas in sich zu spüren, gerade in dem Moment, als sie sich allein und in schlechter gesundheitlicher Verfassung wiederfand. Allein und einer finanziellen Katastrophe ausgeliefert, spürte sie eine Art inneren Frieden, eine Art Erleichterung und Befreiung. Was war los mit ihr? Sie hatte schon fast alles verloren und fühlte sich erleichtert, fast dankbar? Hatte sie den Verstand verloren?

Es gab Tage, an denen sie sich wünschte, sie könnte sich auf einen bestimmten Willen Gottes als ihre Berufung stützen. Wie beruhigend und tröstlich wäre es gewesen, in Zeiten des Zweifels und der Schwierigkeiten zu wissen, dass sie Teil Gottes ewigen Plans war. Ein Plan in dem jedes Ereignis ihres Lebens, ob glücklich oder traurig, seinen Platz und seine Bestimmung finden würde! Aber gleichzeitig regte sich etwas in ihr und sie musste sich fragen:

Würde Gott uns einen Plan zur Erfüllung vorlegen, der außerhalb unserer selbst festgelegt ist, ohne uns auch nur ein sicheres Mittel an die Hand zu geben, ihn zu erkennen?

Wenn wir also vom Willen Gottes sprechen und diese Worte einen Sinn haben, was würde dann der Verlust des göttlichen Willens für unsere Freiheit bedeutend? Und welche Qual wäre es für uns, wenn wir uns entscheiden müssten? Jeder Fehler, jede Verzögerung wäre dramatisch. Wir würden alles verlieren, wenn wir parallel zu Gottes Plan liefen, wenn wir uns unfreiwillig oder freiwillig außerhalb seines Plans stellten. Dies gilt umso mehr, wenn wir wissen, dass Gottes Wege nicht unsere Wege sind und wir jeden Tag erfahren, wie schwierig und manchmal riskant es ist, das zu erkennen, was wir Gottes Willen nennen. Die Vorstellung, dass Gott uns an einen Scheideweg stellt, an dem wir in mehrere Richtungen gehen könnten, von denen aber nur eine die richtige ist, ohne dass er uns Hilfsmittel an die Hand gibt, um mit Sicherheit zu erkennen, welcher Weg der Richtige ist, würde dem Bild eines perversen Gottes entsprechen. Es könnte in keiner Weise die Haltung Gottes zum Ausdruck bringen, der gekommen ist, um die Verlorenen zu retten.

Wir sind uns jedoch bewusst, dass es Gott selbst ist, der uns bei unserem Namen ruft und dass unsere Begegnung mit ihm einen besonderen Weg für uns bereithält. Von Abraham bis Petrus ist die

Heilsgeschichte voll von menschlichen Beispielen, die zu einem neuen Leben in einer besonderen Sendung berufen wurden, oft symbolisiert durch eine Namensänderung: "Von nun an sollst du Abraham heißen, Israel, Petrus". Die Sendung von Mose, Jeremia oder Paulus scheint genau einem bestimmten Willen Gottes zu entsprechen, bis hin zur Kennzeichnung ihres Lebens mit einer Einzigartigkeit, die sie in die Einsamkeit führt. Außergewöhnliche Schicksale oder beispielhaft für das, wofür wir alle zu leben berufen sind?

In diesen dunklen Momenten wurde Viktoria eines klar: Der Weg, den sie in den letzten Jahren vor ihrer Krankheit gegangen war, war nicht etwas, das sie für sich selbst getan hatte, sondern um anderen zu gefallen - ihren Freunden, ihrer Familie, der Familie ihres Mannes und ihrem Mann selbst. Sie war diesen Weg gegangen, um sich zu behaupten, um etwas zu beweisen, nicht um etwas für sich selbst zu tun, um etwas zu tun, das sie zutiefst glücklich machen würde. Doch als sie sich von all dem befreit hatte, auch von ihrem Mann und ihrer Familie, veränderte sich etwas Tiefgreifendes in ihr. Sie musste nicht mehr pünktlich um 19 Uhr das Abendessen auf den Tisch stellen, sie musste nicht mehr drei Immobilien im Monat verkaufen, um konkurrenzfähig zu bleiben, sie musste ihre Freizeit nicht mehr an Orten verbringen, die ihr keine Entspannung boten oder sie sogar stressten, sie musste nicht mehr die ganze Zeit perfekt sein, sie musste sich nicht mehr anstrengen, um anderen zu gefallen, um genug zu sein. Sie fühlte sich vollkommen, obwohl sie nichts mehr hatte. Von diesem Moment an geschah etwas und sie begann, sich von kleinen Dingen wie dem Anblick eines Sonnenuntergangs berührt zu fühlen und sie begann zu spüren, dass sie nicht mehr allein war.

Der Gott, vor dem sie stand, war nicht jener übermächtige Computer, der Milliarden von Einzelschicksalen programmieren und in seinem

Gedächtnis speichern kann und den wir mit Furcht und Zittern nach unserer Zukunft befragen müssen. Es war die Liebe, die das Risiko auf sich nahm, uns in Ähnlichkeit und Verschiedenheit ins Leben zu rufen, um uns Bündnis und Gemeinschaft anzubieten. Dieser Vision Gottes müssen wir uns zuwenden, wenn wir fähig sein wollen, in Wahrheit vor dem Willen Gottes zu stehen. Dann werden wir ihn nicht mehr als Gericht oder Verurteilung erkennen, sondern als Einladung zur Mitgestaltung. Die Hoffnung, mit ihm etwas Neues zu schaffen, sein Ruf zu einer neuen Schöpfung, gab Viktoria in der dunkelsten Zeit ihres Lebens Hoffnung. Sie erkannte, dass die Entscheidungen, die wir treffen, nicht aus dem Nichts kommen, denn wir bereiten sie mit dem vor, was den menschlichen Charakter ausmacht: unserem Temperament und unserer Geschichte. Wir können nicht alles machen, aber wir können dem, was Schicksal wäre, einen Sinn und ein Gesicht geben. In diesem Bemühen um persönliche Schöpfung als Antwort auf den Ruf Gottes kommt der Geist zu uns, nicht als eine äußere Kraft, die sich aufdrängt, sondern als eine innere Energie, die in uns durch die Annahme des Wortes Gottes geweckt wird.

Die Antwort, die wir Gott geben werden, steht nirgendwo geschrieben, weder im Buch des Lebens noch im Herzen Gottes- höchstens als Erwartung und Hoffnung. Hoffnung auf das, was Gott noch nicht sieht und dem wir Gestalt und Gesicht geben werden. Es ist die Größe und das Risiko unseres Lebens, dass wir dazu berufen sind, durch die Qualität und Großzügigkeit unserer Antwort die Freude Gottes zu wecken.

Das Wort Gottes wird uns nicht unsere Entscheidungen diktieren, sondern unseren Horizont öffnen: "Es ist gesagt: Trachtet zuerst nach dem Reich Gottes und nach seiner Gerechtigkeit" (Mt 5,26; 6,33). Der Wille meines Vaters ist, dass ihr Frucht bringt und eure Frucht bleibt' (Johannes 14,3; 15,16).

Da in der Bibel oft von Segen die Rede ist, stellt sich die Frage, ob es einen besonderen Willen Gottes für jeden von uns gibt, unabhängig von den Schwierigkeiten, die wir auf unserem Lebensweg überwinden müssen. Eine Niederlage, eine Begegnung, eine Versetzung... Wie können wir etwas annehmen, das wir uns nicht ausgesucht haben oder das uns sogar aus dem Gleichgewicht bringt? Wie können wir seine Hilfe annehmen, wenn wir in Not sind? Warum scheint er manchmal nicht auf uns zu hören, wenn wir ihn brauchen?

Nun, Gott will, dass wir ihm Raum geben, dass wir uns nach ihm sehnen, damit er uns antworten kann. Wenn wir meinen, Gott, der uns durch Jesus Christus die Hand reicht, nicht zu brauchen, weil wir meinen, uns selbst zu genügen, dann sind wir auf dem Weg des Scheiterns. Gott liebt es, gesucht zu werden.

Gott will gesucht werden, weil Gott ein Geschenk ist. Er ist die absolute Gabe, denn er ist die Liebe und die Liebe will alles geben und sich selbst hingeben.

Lukas 11,5-13

Bittet, so wird euch gegeben; suchet, so werdet ihr finden; klopfet an, so wird euch aufgetan. Denn wer da bittet, der empfängt; und wer da sucht, der findet; und wer da anklopft, dem wird aufgetan.

Wie können wir um Hilfe bitten, wenn wir Jesus Christus nicht an Bord genommen haben? Wie Jakobus und Johannes, die zu Gott schrien: "Herr, wir sind verloren, kümmert es dich nicht? So empfand Viktoria die Geschehnisse in ihrem Leben als Ungerechtigkeit.

Den in Panik geratenen Aposteln antwortete der Herr: "Warum fürchtet ihr euch, warum habt ihr keinen Glauben?

Was hindert uns daran, selbst einen Akt des Glaubens an Gott zu vollziehen, zu akzeptieren, dass wir nicht alles sofort verstehen und dem Einen zu vertrauen, dem 'Wind und Meer gehorchen'?

Wenn wir, wie die Apostel im Markusevangelium, Jesus in das kleine Boot unseres Lebens aufnehmen, heißt dies, dass wir an jenen glauben, der alles vermag. Seine Kraft wird uns befähigen, allen Stürmen zu widerstehen, allen bösen Winden zu trotzen und mit ihm das andere Ufer zu erreichen. Das Vertrauen auf Gott ist der Schlüssel zum Erfolg im Leben, weil er uns nie im Stich lässt.

Im Glauben wissen wir, dass der Herr immer bei uns ist. Aber wie oft fällt es uns schwer, auf ihn zu hören oder zu ihm zu beten. Manche sagen: "Ich kann mich nicht mit Gott verbinden. Das ist eine schmerzliche Erfahrung, die dazu führen kann, das Gebet aufzugeben. Vielleicht ist uns das auch schon passiert. Manchmal, auch wenn wir es jahrelang versucht haben, bleibt das Gefühl, dass wir nicht wissen, wie wir mit Gott sprechen sollen: Obwohl wir sicher sind, einen direkten Draht zu ihm zu haben, gelingt es uns nicht, den inneren Monolog zu überwinden, jene Intimität zu erreichen, nach der wir uns so sehr sehnen.

In diesem Jahrhundert des Stresses und der sozialen Medien sollten wir uns nicht nur darum kümmern, dass wir die Verbindung zum Internet nicht verlieren, sondern auch darum, dass wir die Verbindung zu Gott aktiv halten, das heißt, dass wir den Dialog nicht abbrechen, dass wir ihm zuhören und ihm unsere Dinge sagen. Wie können wir am anderen Ende der Leitung wach bleiben? Was können wir tun, damit unser Gebet ein Dialog zwischen zwei Menschen ist? Wie können wir im Laufe der Jahre unsere Vertrautheit mit dem Herrn vertiefen? Wir müssen nur unseren Geist lebendig halten.
Gott, der Vater, hat den Erlösungsplan aufgestellt. Der Sohn Gottes hat die Erlösung durch sein Opfer am Kreuz und seine Auferstehung vollbracht. Der Heilige Geist wendet diese Erlösung auf uns an und tut noch viel mehr. Der Heilige Geist ist grundlegend für das christliche Leben. Seine Aufgabe ist es, uns Jesus Christus sehen zu lassen. Er steht nie im Mittelpunkt. Im Neuen Testament gibt es zum Beispiel keine Gebete an den Heiligen Geist. Er wird viel, viel weniger erwähnt als Christus und der Vater. Und doch ist seine Rolle grundlegend. Eine der Aufgaben des Heiligen Geistes in unserem Leben ist es, uns mit Gott zu verbinden, denn es ist wichtig, dass wir

sein Werk in uns nicht auslöschen. Das Wort Gottes kommt durch den Heiligen Geist.

So nehmt nun den Helm des Heils und das Schwert des Geistes, welches ist das Wort Gottes. (Epheser 6,17)
Der Heilige Geist stärkt uns und befähigt uns, die Prüfungen des Lebens zu bestehen. Es ist seine Kraft, die in uns wirkt. Römer 15,13.

Der Gott der Hoffnung aber erfülle euch mit aller Freude und mit allem Frieden im Glauben, damit ihr reichlich Hoffnung habt in der Kraft des Heiligen Geistes. (Römer 15,13 LND)

Diese Kraft des Geistes, die in uns wirkt, befähigt uns zu tun, was wir aus eigener Kraft nicht tun könnten. Ein Beispiel dafür ist, wie Paulus der Gemeinde in Korinth erklärt, wie sie mit dem Sünder umgehen sollen.
Das Wort Gottes ist uns also durch den Heiligen Geist gegeben. Welch ein Segen!

Kapitel 3   Die Existenz Gottes

«Wo ist dein Gott, wenn du ihn brauchst?«, fragte Annika, als Viktoria weinend und hilflos auf dem Sofa saß.

«Ich glaube Gott will, dass wir ihn immer suchen, nicht nur, wenn wir etwas von ihm brauchen. Weißt du, ich hatte früher eine ganz andere Beziehung zu Gott. Ich glaube, deshalb ging mein Leben so viele Jahre gut«, antwortete Viktoria.

«Gibt es überhaupt einen Gott?«, fragte Annika, die es leid war, ihre Freundin in dieser Situation zu sehen.

«Ich glaube schon, zumindest habe ich ihn jahrelang gespürt, denn ich bin mir sicher, dass die Stimme in mir, die mich seit meiner Kindheit geführt hat, die Stimme Gottes war. In letzter Zeit habe ich an manchen Tagen das Gefühl, dass ich diese Stimme in mir höre, aber ich weiß nicht, ob ich sie mir nur einbilde. Mein Leben befindet sich in einem Sturm. Ich bete, dass er mir hilft, all diese Probleme im Namen Jesu Christi zu bewältigen. Aber meine Welt zerbricht weiter, ich weiß nicht, wie lange ich das noch ertragen kann. Sieht Gott unser Vater nicht wie sehr ich leide, warum tut er nichts, um mir zu helfen?«, fragte Viktoria entmutigt.

«Jetzt weißt du, warum wir Atheisten sind.« Erwiderte Annika trocken, die all die Jahre für Viktoria da war, besonders in den schlimmsten Phasen ihrer Krankheit und der finanziellen Katastrophe. Annika war die Einzige in ihrem Freundeskreis, die nicht nur für sie da war, wenn es um tolle Partys oder teure Geschenke ging.

«Gibt es Beweise für die Existenz Gottes? Was sagt die Wissenschaft zur Existenz Gottes?«, fragte Annika dann ziemlich direkt, noch bevor sich Viktoria über Atheisten äußern konnte.

«Für die Gläubigen bedarf die Existenz Gottes keines Beweises, keiner Rechtfertigung. Sie sind sich sicher, dass sich das göttliche Wesen nur denen offenbart, die bereit sind, es zu empfangen. Jedoch ist es auch erwiesen, dass es viele Atheisten oder Menschen anderer Religionen gibt, die im Laufe ihres Lebens das Bedürfnis verspürt haben, die Bibel zu lesen. Manche haben sich ganz zu Christus bekehrt, andere erst kurz vor ihrem Tod und wieder andere haben es gar nicht getan. Vielleicht wirst du das auch einmal tun«, erklärte Viktoria. Das war allerdings nicht die Art von Antwort, die Annika als Atheistin erwartet hatte. Viel mehr erwünschte sie konkrete Beweise für die Existenz Gottes.

Alles auf der Welt hat einen Grund, auch das Universum. Warum gibt es Etwas statt Nichts? Diese Frage, die sich viele theoretische Physiker immer häufiger stellen, kann die Wissenschaft, der es gelungen ist, die Theorie vom Universum als 'Intelligent Design' zu widerlegen, noch nicht beantworten. Dazu müsste der Mensch zunächst die Naturgesetze und ihre Entstehung besser verstehen. Wer unvoreingenommen über die Existenz des Universums nachdenkt, kommt nicht umhin, sich die Frage nach seinem Ursprung zu stellen. Wenn wir Zeugen bestimmter Ereignisse werden, fragen wir instinktiv nach den Ursachen. Warum sollten wir diese Frage nicht für alle Wesen und Phänomene stellen, die wir in der Welt entdecken? Wenn wir von Gottesbeweisen sprechen, müssen wir betonen, dass es sich nicht um wissenschaftlich-experimentelle Beweise handelt. Wissenschaftliche Beweise im modernen Sinne gelten nur für sinnlich wahrnehmbare Dinge, denn nur auf sie lassen sich die Untersuchungs- und Überprüfungsinstrumente der Wissenschaft anwenden. Einen naturwissenschaftlichen Gottesbeweis anzustreben hieße, Gott auf den Rang der Wesen unserer Welt herabzusetzen und sich damit schon methodisch über das, was Gott ist, zu täuschen. Die Wissenschaft muss ihre Grenzen und ihre Unfähigkeit anerkennen, die Existenz Gottes zu erklären: Sie kann diese Existenz weder bestätigen noch leugnen. Daraus darf jedoch nicht der Schluss gezogen werden, dass Wissenschaftler nicht in der Lage sind, in ihren wissenschaftlichen Untersuchungen stichhaltige Gründe für die Anerkennung der Existenz Gottes zu finden. Wenn die Wissenschaft als Solche, Gott nicht erreichen kann, so kann der Wissenschaftler, der über einen Verstand verfügt, der sich nicht auf die sinnlichen Dinge beschränkt, in der Welt Gründe für die Annahme eines Wesens entdecken, das über ihn hinausgeht. Viele Wissenschaftler haben diese Entdeckung gemacht oder sind dabei, sie zu machen.

Einige Wissenschaftler wagen sogar zu sagen, dass Gott Wissenschaft ist, vor allem wenn es darum geht, Phänomene zu verstehen und zu erklären, für die es keine wissenschaftliche Erklärung gibt. Alle Beobachtungen über die Entwicklung des Lebens führen zu einer ähnlichen Schlussfolgerung. Die Entwicklung der Lebewesen, deren Stadien die Wissenschaft zu bestimmen und deren Mechanismen sie zu erkennen versucht, weist eine innere Endgültigkeit auf, die Bewunderung hervorruft. Diese Endgültigkeit, die die Lebewesen in eine Richtung lenkt, die sie weder beherrschen noch verantworten können, zwingt zur Annahme eines Geistes, der der Erfinder, der Schöpfer ist.

Gibt es dann einen endgültigen Beweis für die Existenz Gottes?

Die Antwort auf diese Frage hängt stark davon ab, was man unter einem "endgültigen" Beweis versteht. Können wir Gott berühren oder sehen, so wie wir Menschen berühren und sehen können? Nein. Wir können auch den Wind nicht berühren oder sehen, wir wissen nicht einmal, woher er kommt, aber wir können ihn spüren. Die Tatsache, dass Gott Geist ist, bedeutet, dass Gott unser Vater keinen menschlichen Körper hat, deshalb hat Gott seinen Sohn Jesus Christus auf die Erde geschickt, um die Wahrheit zu lehren. Jesus predigte das Reich Gottes, eine himmlische Regierung, die der ganzen Erde Frieden bringen wird. Er gab den Menschen die Hoffnung auf das ewige Leben. (Johannes 4,14; 18,36.37) Er gab auch viele Ratschläge, wie man das wahre Glück finden kann. (Matthäus 5,3; 6,19-21) Er lehrte auch durch sein Beispiel. Er zeigte, wie man Gottes Willen auch unter schwierigen Umständen erfüllen kann. Wenn er misshandelt wurde, suchte er keine Rache. - Petrus 2,21-24 Jesus lehrte seine Apostel eine Liebe, die auf Selbstlosigkeit gründet. In demütigem Gehorsam gegenüber dem Vater verzichtete er auf seine herausragende Stellung im Himmel und kam auf die Erde, um unter den Menschen zu leben. Niemand hätte uns besser lehren können, was Liebe ist, als Jesus. - Johannes 15,12.13; Philipper 2,5-8 Unabhängig von der naturwissenschaftlichen Erklärung der Existenz Gottes gibt es in der Bibel 1093 Prophezeiungen, die sich auf Jesus Christus und seine Kirche beziehen und jede einzelne dieser Prophezeiungen ist in Erfüllung gegangen! Das Alte Testament enthält 48 Prophezeiungen, die sich auf die Kreuzigung Jesu beziehen. Wenn man bedenkt, dass mehrere Propheten, die im Laufe von 1000 Jahren in verschiedenen Gemeinschaften gelebt haben, Prophezeiungen gemacht haben, die 500 Jahre vor Jesus Christus liegen, dann übersteigt die Wahrscheinlichkeit, dass sich diese Prophezeiungen erfüllen, einfach unsere kühnsten Vorstellungen.

Eine Erkenntnis, die Viktoria seit ihrer Erkrankung gewonnen hat, ist, dass es nicht ausreicht, in schweren Zeiten zu wissen, dass es Gott gibt, sondern dass die Beziehung zu Gott kontinuierlich gepflegt werden muss. Die Verbindung und den Weg zu Gott hatte sie schon als Kind entdeckt. Die meisten Menschen fragen sich, warum er uns nicht hilft, wenn wir in Not sind. Viele von uns erkennen erst später oder nach Jahren, dass der Moment, der uns das Leben zu nehmen schien, in Wirklichkeit ein Neuanfang war. Einer der schwierigsten Aspekte des Christseins ist die Tatsache, dass das Christsein uns nicht immun gegen die Prüfungen und Schwierigkeiten des Lebens macht. Wie in allen Dingen ist es Gottes höchstes Ziel, dass wir immer mehr in das Bild seines Sohnes hineinwachsen (Römer 8,29). Das ist das Ziel des Christen. Alles im Leben, einschließlich der Prüfungen und Bedrängnisse, dient dazu, uns zu befähigen, dieses Ziel zu erreichen. Sie sind Teil des Heiligungsprozesses: Wir werden für Gottes Ziele ausgesondert und befähigt, zu seiner Ehre zu leben. Petrus 1,6-7: „Darum freut euch, auch wenn ihr noch eine kleine Weile in mancherlei Anfechtungen leiden müsst, damit die Prüfung eures Glaubens, der viel kostbarer ist als Gold, das vergeht, auch wenn es durchs Feuer geläutert wird, zu Lob und Ehre und Herrlichkeit führe bei der Offenbarung Jesu Christi". Der Glaube des wahren Gläubigen wird durch die Prüfungen, die wir durchmachen, gefestigt, damit wir in der Gewissheit leben können, dass er echt ist und ewig Bestand haben wird.

Prüfungen entwickeln einen gottgefälligen Charakter, der uns dazu bringt, 'uns auch in Bedrängnissen zu rühmen, weil wir wissen, dass

Bedrängnis Geduld, Geduld aber Erfahrung, Erfahrung aber Hoffnung bringt. Die Hoffnung aber lässt nicht zuschanden werden, denn die Liebe Gottes ist ausgegossen in unsere Herzen durch den Heiligen Geist, der uns gegeben ist' (Röm 5,3-5). Jesus Christus hat uns ein vollkommenes Beispiel gegeben. Gott hat seine Liebe zu uns darin erwiesen, dass Christus für uns gestorben ist, als wir noch Sünder waren" (Röm 5,8). Diese Verse offenbaren Aspekte seiner göttlichen Absicht sowohl für die Prüfungen und Leiden Jesu Christi als auch für unsere eigenen. Das Festhalten am Glauben ist der Beweis unseres Glaubens. Ich vermag alles in Christus, der mich stärkt" (Philipper 4,13). Wir müssen uns jedoch davor hüten, unsere 'Prüfungen und Bedrängnisse' zu entschuldigen, wenn sie das Ergebnis unseres Fehlverhaltens sind. Keiner von euch soll leiden als Mörder oder Dieb oder Übeltäter oder weil er sich in die Angelegenheiten anderer einmischt" (1. Petrus 4,15). Gott wird uns unsere Sünden vergeben, weil die ewige Strafe für sie durch das Opfer seines Sohnes Jesus Christus am Kreuz bezahlt wurde. Dennoch müssen wir in diesem Leben die natürlichen Folgen unserer Sünden und Fehltritte tragen. Aber Gott benutzt diese Leiden sogar, um uns für seine Zwecke und zu unserem Besten zu formen.
Wir müssen nur eines tun: uns mit ihm verbinden.

Aber wie finden wir den Weg zu Gott, wenn wir die Verbindung verloren haben? Nun, die gute Nachricht ist, dass Gott immer online ist, in den dunklen Stunden, in den sonnigen Stunden, wenn der Sturm tobt und wenn die Sonnenstrahlen die Blütenblätter einer Blume streicheln. Unsere Beziehung zu Gott kennt keine Leitungsprobleme, keine Unterbrechungen, außer denen, die wir absichtlich herbeiführen. Um mit Gott in Beziehung zu treten, muss man ihn suchen und sich darauf vorbereiten, ihn zu empfangen, so wie ein verliebter junger Mann sich darauf vorbereitet, das Mädchen zu treffen, das er liebt.

Irgendwann, in den dunklen Zeiten der Krankheit und der finanziellen Katastrophe, merkte auch Viktoria, dass sie ihre Beziehung zu Gott verloren hatte, vor allem in den Zeiten, in denen sie nichts von ihm brauchte, in denen sie Erfolg und Wohlstand erlebte, in denen sie sich selbst wie Gott fühlte. Während des Sturms merkte sie, dass sie immer mehr das Gefühl vermisste, das sie als Teenager gehabt hatte, dieses starke Gefühl, ganz zu Gott zu gehören, seine Gegenwart ständig spüren zu wollen, intim mit ihm sein zu wollen und ein Gefühl der Fülle in der Brust zu haben, als ob das Herz explodieren wollte. Oft sehen die Menschen nicht, dass Probleme dazu da sind, dass wir etwas lernen, dass wir unsere Entscheidungen überdenken und unsere Wege ändern, dass wir uns wieder mit uns selbst und unseren tiefsten Sehnsüchten verbinden, weil Gott für jeden von uns einen besonderen Willen hat.

Im Alten Testament gibt es eine Geschichte über einen Mann namens Abraham. In Mose 12,1 heißt es, dass Gott Abraham aufforderte, sein Land zu verlassen und an einen Ort zu gehen, den er ihm zeigen würde. Das eigene Land, die eigene Heimat verlassen, um an einen Ort zu gehen, von dem man noch nie etwas gehört hat? Das klingt beängstigend! Aber in 1. Mose 12,4 heißt es: 'Und Abraham zog aus, wie ihm der Herr gesagt hatte...'.

Gott hat Abraham nie den ganzen Plan gegeben. Er ließ mehr Details offen, als Abraham beabsichtigt hatte. Vielmehr gab Gott Abraham Anweisungen für den nächsten Schritt, den er tun sollte. Mit genau demselben Vertrauen verließ Viktoria ihr Land Kroatien, um nach

Deutschland zu gehen, geleitet von der kleinen Stimme in ihrem Inneren.

«Ich kenne niemanden, der so positiv und großzügig ist wie du, deshalb kann ich nicht verstehen, was mit dir passiert ist», sagte Annika mit einem Hauch von Mitleid zu Viktoria.

«Es hat sicher einen Grund, etwas anderes kann und will ich mir nicht vorstellen», erwiderte Viktoria abwehrend.

«So ein Quatsch! Wozu soll das gut sein? Wem nützt das Leiden?», brüllte Annika.

«Jesus Christus musste auch leiden, als er gekreuzigt wurde, um uns zu retten», erwiderte Viktoria.

«Du bist meine beste Freundin und ich habe dich sehr lieb, deshalb darf ich nicht sagen, was ich von all dem halte.»

«Ich liebe dich auch und ich weiß, dass du verstehst, wenn ich nicht deiner Meinung bin.»

Obwohl Viktoria ihre Freundin Annika sehr schätzte und ihr für alles, was sie für sie tat, dankbar war, erkannte sie, dass es nicht immer einfach war, mit jemandem befreundet zu sein, der die Existenz von etwas Größerem in Frage stellte, besonders wenn dieses Etwas der allmächtige Gott war. Solche Meinungsverschiedenheiten und die Tatsache, dass Viktoria nicht akzeptierte, was die katholische Kirche vorschrieb, führten auch zu Konflikten während ihrer Ehe mit Ivan. Obwohl Viktoria in ihren späteren Jahren ihre Verbindung zu Gott verloren hatte, hätte sie sich nie vorstellen können, dass sie eines Tages seine Existenz in Frage stellen würde. Während Ivan an Gott glaubte und sogar dem treu blieb, was die katholische Kirche von ihm erwartete, leugnete Annika Gott.

Doch in den letzten Jahren ist das Thema Gott mehr und mehr ins öffentliche Interesse gerückt, nicht zuletzt durch viele junge Menschen, die Jünger Jesu Christi geworden sind. Junge Menschen, die dem Beispiel anderer junger Christen in den sozialen Medien folgen und das Wort Gottes verkünden. Andere posten live, wie sie sich in einem Teich taufen lassen. Es scheint wieder in Mode zu kommen, dass man durch Jesus Christus mit Gott kommunizieren kann. Jesus als Thema in Liedern ist in den letzten Jahren auch bei Jugendlichen sehr beliebt geworden: Man denke nur an den Erfolg von Musik- und Filmproduktionen wie Greenes "Godspell", Rice und Jewisons "Jesus Christ Superstar", Tony Cucchiaras "Kain und Abel" und Townshends und Ken Russels "Tommy". Die neue Generation sieht in Jesus den größten Revolutionär, weil seine Revolution Strukturen und Methoden in Frage stellt. In Christus finden sie alles Erhabene im Menschen, in ihm finden sie ihre edelsten Sehnsüchte, ihre höchsten Ideale. In ihm finden sie auch den wahren Beweis seines Lebens.

Ich bin der Weg, die Wahrheit und das Leben" (Joh 14,6).

Neben den historischen Texten gibt es auch physische Beweise für die Existenz Jesu Christi, des fleischgewordenen Wortes, des wahren Gottes und des wahren Menschen. Diese sind zum Beispiel mit dem ältesten archäologischen Fund, der sogenannten Nazareth-Inschrift, verbunden. Ebenso gibt es auch archäologische Beweise für die Existenz von Pontius Pilatus und anderen in den Evangelien erwähnten Personen.

Wenn wir von Jesus von Nazareth sprechen, meinen wir die historische Person, die zwischen 0 und 33 n. Chr. in der Nähe des heutigen Israel gelebt hat. Aber wie können wir sicher sein, dass

Jesus wirklich gelebt hat und von wann bis wann? Nun, neben den bekannten Quellen, also den Evangelien, gibt es auch verschiedene außerchristliche Schriften aus den ersten beiden Jahrhunderten, vor allem jüdische und römische Texte, die von der Existenz Jesu sprechen.

Der syrische Stoiker Mara Bar Serapion, der samaritanische Historiker Thallus, die offiziellen römischen Geschichtsschreiber Plinus, Tacitus und Sueton schrieben: Er war ein kluger Mann, der die Menschen durch seine Predigten erreichen und überzeugen konnte", "Er hatte einen Bruder namens Jakobus", "Er sammelte Jünger um sich", "Er wirkte Wunder und legte das Gesetz der Juden anders aus", "Er wurde König und Messias genannt", "Er wirkte im Rahmen der jüdischen Religion und bald auch darüber hinaus", "Er starb einen gewaltsamen Tod durch die Verurteilung der Obrigkeit".

Auch die Texte des Historikers Flavius, die heute als 'Antiquitates' bekannt sind, in denen Flavius um 93 n. Chr. Schreibt:
Zu jener Zeit lebte Jesus, ein sehr weiser Mann", belegen die Existenz Jesu.

Wenn wir uns fragen: 'Warum glauben wir an Gott?', dann ist die erste Antwort unser Glaube: Gott hat sich den Menschen offenbart, ist mit den Menschen in Kontakt getreten. Die höchste Offenbarung Gottes ist in Jesus Christus, dem menschgewordenen Gott, zu uns gekommen. Wir glauben an Gott, weil Gott sich von uns hat entdecken lassen als das höchste Wesen, als der große „Seiende". Sicher ist, dass Gott auf tausendfache Weise zu uns spricht. Gott spricht leise, aber beständig, in der Heiligen Schrift - besonders in den Evangelien - und auch in uns. Gott spricht zu uns. Unaufhörlich. Er spricht in Worten und in Taten. Seine Sprache ist viel reicher als die unsere. Er hat die Fähigkeit, verborgene Ressourcen in uns zu wecken, zum Beispiel durch Menschen oder durch das, was um uns herum geschieht.

Gott spricht, indem er auf unsere persönlichen Kräfte einwirkt, die er von innen heraus bewegen kann. Zu unserem Verstand durch Inspirationen, zu unseren Gefühlen durch Zuneigung, zu unserem Willen durch Absichten. Oft spricht Gott direkt zum Herzen, dessen Sprache er am besten kennt. Er tut dies durch die tiefen Sehnsüchte, die er selbst sät. Deshalb besteht das Hören auf Gott oft darin, unser Herz zu erforschen und den Mut zu haben, ihm unsere Sehnsüchte zu unterbreiten, um zu unterscheiden, was uns hilft, seinen Willen zu tun und was nicht.

«Glaubst du nach allem, was du gerade durchmachst, dass es Gott gibt oder nicht?«, fragte Annika provokativ.

«Ich glaube, dass all das, was wir durchmachen, nicht definiert, wer wir sind und schon gar nicht unsere Identität, sondern es definiert einfach eine Zeit, eine Jahreszeit, die vorübergehen wird und es gibt eine Sache, die für immer bleiben wird und das ist seine Güte und seine Treue. Wenn wir den Grund dessen, was wir erleben, nicht verstehen, dann sollten wir wissen, dass wir nicht dazu berufen sind, alles zu verstehen, aber wir sind dazu berufen, immer zu vertrauen. Was uns zu Kindern Gottes macht, ist und bleibt seine Gnade.

Mit hochrotem Gesicht und Augen, die fast aus den Höhlen traten, sprang Annika von ihrem Stuhl auf, schlug mit der Hand auf den Tisch und schrie: «Aber deine schlechte Saison dauert schon drei verdammte Jahre!«

Kapitel 4   Gottes Offenbarung

Wenn du durch Wasser gehst, bin ich bei dir, wenn du durch Ströme gehst, reißen sie dich nicht fort. Wenn du durch Feuer gehst, wirst du nicht versengt, keine Flamme wird dich verbrennen.

Mit diesen Versen aus Jesaja 43,2 begann Viktoria den Tag.

«Mama, wir hatten einen Termin vereinbart, um über einen möglichen Umzug zu sprechen, aber du hast die meisten Möbel schon abgebaut und in Umzugskartons gepackt. Was ist los?«, fragte Luka, Viktorias älterer Sohn.

«Nun, ich habe bereits einen Käufer für unser Haus, der Notartermin ist in drei Wochen«, antwortete Viktoria.

«Was, du hast einen Käufer für unser Haus? Aber wo wirst du dann wohnen?«, fragte ihr jüngster Sohn Marko.

«Vielleicht habt ihr vergessen, dass ich seit Monaten allein in einem Haus von über 200 Quadratmetern wohne. Im Moment würde mir eine 80-Quadratmeter-Wohnung reichen ...«

«Aber du bist es nicht mehr gewohnt, in einer Wohnung zu leben. Und was hast du jetzt vor? Wirst du in der Nähe von uns wohnen, ich meine dort, wo wir die Ausbildung machen werden?«, fragte Luka in der Hoffnung, herauszufinden, was seine Mutter vorhatte.

«Ich werde nach Süddeutschland ziehen, an die Schweizer Grenze.«

«An die Schweizer Grenze?«, fragte Marko.

Überrascht und verblüfft zugleich sahen sich Marko und Luka an, ihre Gesichter verzerrten sich. Die Traumvilla mit dem parkähnlichen

Garten, in der sie zwölf Jahre lang mit ihrer Familie gelebt hatte, die Villa ihrer Träume, für die sie so viele Opfer gebracht hatte, war gegen den Wunsch nach einem Neuanfang eingetauscht worden.

«Ich weiß, dass euch diese Entscheidung seltsam erscheinen mag, aber ich muss diesen Ort verlassen. Die Stimme meines Herzens ist stark und eindringlich und ihr wisst, dass ich seit meiner Kindheit ein Herz habe, das auf Gottes Weisungen hört.«

«Du tust einen solchen Schritt nur aufgrund dessen, was dir dein Herz sagt? Aber du kennst dort niemanden und bist 250 km von uns entfernt. Was machst du, wenn du Hilfe brauchst?«, fragte Luka besorgt.

«Ich bin schon ein großes Mädchen, ich kann auf mich selbst aufpassen. Außerdem habe ich die besten Entscheidungen in meinem Leben getroffen, wenn ich auf die Stimme meines Herzens gehört habe. Der ganze Schlamassel begann, als ich den Kontakt dazu verlor. Wisst ihr, ihr seid schon Männer, ihr seid mit eurer Ausbildung beschäftigt und ihr braucht eure Mutter unter der Woche nicht, weil ihr eine Unterkunft bei eurem Arbeitgeber habt. Wir werden uns wie gewohnt regelmäßig am Wochenende sehen, ich werde euch besuchen kommen«.

«Spricht Gott jetzt wieder mit dir?«, fragte Marko erstaunt über den plötzlichen Wandel seiner Mutter.

«Ja, die berühmte Verbindung, von der ich euch immer erzählt habe, scheint wieder da zu sein. Aber Gott spricht auch zu euch in allen möglichen und unmöglichen Formen. Viele Menschen zweifeln an der Kraft ihres persönlichen Glaubenszeugnisses und unterschätzen ihre geistigen Fähigkeiten, weil sie keine häufigen, überraschenden oder starken Botschaften wahrnehmen können«, fügte Viktoria hinzu.

«Du meinst Visionen, Offenbarungsträume oder Engelsbesuche? Offenbart sich Gott uns gewöhnlichen Menschen auf diese Weise?«, fragte Luka.

«Wie die Mutter, die mit ihrem Kleinkind jeden Tag kleine Fortschritte macht, oder die Lehrerin, die ihre Kindergartenkinder unterrichtet, so offenbart sich Gott langsam, geduldig und still. Er führt uns durch Ideen, Inspirationen, Menschen, denen wir im Leben begegnen, oder durch das, was wir die 'innere Stimme' nennen«, erklärte Viktoria mit einfachen Worten.

Wenn es heißt, man solle seinem Herzen oder seiner inneren Stimme folgen, dann deshalb, weil die innere Stimme eine Art Intuition ist, mit der wir in Kontakt kommen, wenn wir auf uns selbst hören. Nicht nur die Bibel erzählt uns von der Bedeutung unseres Herzens als Wegweiser, auch in der chinesischen Medizin gilt das Herz als Herrscher des Körpers, es ist für die endgültige Entscheidung über die Richtung unseres Handelns zuständig. Wenn Gott sich dem Menschen offenbart, tut er dies in einer Weise, die seinem Zustand als raumzeitliches, individuelles und soziales Wesen aus Körper und Geist entspricht. Der menschliche Verstand nimmt seine Gegenstände über die Sinne auf; deshalb wird uns Offenbarung durch Bilder, Symbole, Gleichnisse, Parabeln und Allegorien vermittelt.

Paulus schreibt an die Korinther: „Was kein Auge gesehen und kein Ohr gehört hat und in keines Menschen Herz gekommen ist, das hat Gott denen bereitet, die ihn lieben' (1 Kor 1). Die Offenbarung 'ist die Erfüllung' der tiefsten Sehnsucht, der Sehnsucht nach Unendlichkeit und Fülle, die im Innersten des Menschen wohnt und ihn für ein

Glück öffnet, das nicht vergänglich und begrenzt, sondern ewig ist"
(2 Kor 2).

Die große Einfachheit der Art und Weise, wie wir nach und nach kleine spirituelle Hinweise erhalten, die sich mit der Zeit zu der Antwort, die wir erwarten, oder zu der Führung, die wir brauchen, zusammenfügen, kann uns dazu führen, 'über das Zeichen hinauszuschauen'.

Aber wie kann man nur kleinen Zeichen vertrauen und sicher sein, dass Gott gegenwärtig ist?

Vor allem nach einer besonders schwierigen Lebensphase reicht der Glaube allein nicht aus, um uns aus dem Loch zu ziehen, in das wir gefallen sind. Auch weil wir in der Not nicht immer die Geduld oder die geistige Schärfe haben, die Zeichen wahrzunehmen, die uns zeigen, dass unser Gott mit uns ist. Aber eines ist heute schwer zu akzeptieren. Wie kann man glauben, dass Gott die Geschichte lenkt, dass er durch 'Zeichen' zu den Menschen spricht, dass er in ihrem Leben gegenwärtig ist, wenn um uns herum das Böse wuchert? Wenn es den guten Gott der Christen wirklich gäbe, dürfte es das Böse nicht geben- zumindest müsste er eingreifen, um es zu verhindern.

Wenn er nicht eingreift, dann vielleicht deshalb, weil es ihn nicht gibt, folgern manche, ohne zu bedenken, dass alles, was den Menschen leiden lässt, die Folge eines falschen Gebrauchs seiner Freiheit ist; die falschen Entscheidungen des Menschen wirken sich zuerst auf ihn selbst aus und dann auf die anderen, auf die Umwelt, auf die Beziehungen, die ihn mit seinen Mitmenschen verbinden. So war es auch im Leben von Viktoria, die im Fieber des Erfolges den Kontakt zu sich selbst und zu allem, was sie umgab, verloren hatte.

Die Krankheit und der Verlust all dessen, was sie besaß, führten sie dazu, die Verbindung zu sich selbst und zu Gott wiederzuentdecken.

Wir müssen also lernen, über uns hinaus und in uns hinein zu schauen und aufhören, Gott oder das System für unsere Katastrophen verantwortlich zu machen. Aber so beängstigend der Gedanke auch sein mag, diese Reise nach innen anzutreten, ist auch die einzige Möglichkeit, uns selbst kennenzulernen und zu verstehen, was uns glücklich machen kann und so ist der erste Schritt, mit uns selbst in Resonanz zu gehen und Körper, Geist und Seele in Einklang zu bringen. Dass Körper, Geist und Seele im Einklang sein müssen, um gut leben zu können, ist sicher jedem aus den Werbespots zum Thema positives Denken bekannt. Was heute unter dem Produktnamen "Coaching" verkauft wird, wurde schon in der Bibel erwähnt und ist auch heute noch aktuell. Das lehrt uns, dass die Bibel, besonders in den Büchern der Sprüche, eine Fülle von Lebensratschlägen enthält, die auch für Nichtchristen und Nichtreligiöse geeignet sind. Es sind Ratschläge, die das Leben verändern können. Nicht umsonst wird die Bibel als eines der besten Bücher zur Persönlichkeitsentwicklung bezeichnet.

Dass alles in der gleichen Frequenz schwingen muss, um Harmonie, Liebe, Erfolg und Wohlstand zu erfahren, sagt auch Jakobus in Vers 1,7: "Wähne nicht, etwas vom Herrn zu empfangen, wenn dein Geist wankelmütig und unbeständig ist in allem, was du tust.

Wie wir aus diesem Vers ersehen können, lehrt uns die Bibel bereits, dass wir beständig sein müssen, um etwas zu empfangen. Wie wichtig es vor allem ist, die richtigen Gedanken zu haben, wird auch in einem Abschnitt des Philipperbriefes deutlich, in dem unser himmlischer Vater uns lehrt, wie wir uns vor den Angriffen unserer Gedanken schützen können. Auch in diesen Versen erkennen wir die uralte Form des heute so beliebten "mentalen Coachings".

«Entschuldige, aber nach dieser Offenbarung Gottes hast du deine Villa verkauft, ohne vorher mit deinen Kindern zu sprechen? Aber wie willst du jetzt zur Miete wohnen? So ein Leben bist du nicht mehr gewohnt!», schrie Annika am anderen Ende der Leitung.

«Würdest du bitte aufhören zu schreien? Siehst du, deshalb habe ich vorher zu niemandem etwas gesagt», antwortete Viktoria genervt.

«Verstehe ich das richtig, dass dieser Umzug für dich nur eine Übergangslösung ist?», fragte Annika vorsichtig nach.

«Das stimmt, ich habe noch andere Pläne, die ich zu gegebener Zeit verraten werde.»

«Aber wie willst du das alles schaffen, wenn du nicht immer fit bist?»

«Wenn fit sein die einzige Lösung ist, die mir bleibt, dann bin ich sicher, dass mein Körper alles schaffen wird. Ich muss auf mein Herz hören. Eines Tages wirst du es verstehen», antwortete Viktoria und beendete das Gespräch.

Der Plan stand also fest: Herz und Verstand, darauf will sich Viktoria in Zukunft konzentrieren.

Jesus selbst hat in den entscheidenden Momenten seines Lebens, auch in den Tagen der Versuchung in der Wüste, die in seinem Herzen 'geborenen' Gedanken und Wünsche durch das Wort überwunden. Auf jede der drei bekannten Versuchungen - die Versuchung, einen Stein in Brot zu verwandeln, die Versuchung, eine spektakuläre Tat zu vollbringen und die Versuchung, das Reich über die Völker zu erlangen, indem man sich vor Satan niederwirft -

antwortete Jesus stets mit Nachdruck: 'Es steht geschrieben ...' und so machte er seine Gedanken 'gefangen', um sie dem Gehorsam gegenüber dem Willen Gottes zu unterwerfen, der in seinem Wort zum Ausdruck kommt. Auch David erhob aus der Tiefe seines Herzens dieses Gebet, diesen Bittruf: 'Gott, schaffe in mir ein reines Herz' (Psalm 51,10). Auch in anderen Psalmen setzt er sein Herz und seinen Verstand der rückhaltlosen Prüfung durch den Heiligen Geist, durch Gott aus: „Erforsche mich, Herr und prüfe mich; mit Feuer reinige meinen Verstand und mein Herz" (Psalm 26,2). "Erforsche mich, Herr und erkenne mein Herz. Prüfe mich und erkenne meine Gedanken. Sieh, ob nicht ein böser Weg in mir ist und führe mich auf den ewigen Weg" (Psalm 139,23-24).

Nie zuvor war sich Viktoria so sicher gewesen, dass der Verlust all dessen, was sie sich aufgebaut hatte, für sie einen Neuanfang bedeuten würde. Selbst die Krankheit und die finanzielle Katastrophe hatten einen Sinn, auch wenn niemand in ihrer Familie einen sah. Während alle um sie herum sie nach dem Sturm, der über ihr Leben hereingebrochen war, als eine schwache und besiegte Frau sahen, betrachtete Viktoria alles als eine neue Chance für einen Neuanfang, die sie sich selbst gegeben hatte. Sie befand sich in etwa an dem Punkt, an dem sie 1991 in Deutschland angekommen war, nur dass sie jetzt ohne Mann und mit zwei Söhnen, die man schon als junge Männer bezeichnen konnte, dastand. Sie hatte mehr Lebenserfahrung, war auf dem Weg zurück zu Gott und hatte ein anderes Verständnis von Erfolg, mit der Gewissheit, dass es nicht falsch ist, nach Erfolg zu streben. Gott selbst will, dass wir Erfolg haben und mit der Kreuzigung Jesu hat er alles Notwendige getan, damit wir ihn erreichen können. Wenn wir ihn also nicht erreichen, liegt die Schuld nicht bei Gott, sondern bei uns selbst, weil wir nicht beharrlich genug sind oder weil wir zu gierig nach Erfolg sind.

Der größte Fehler, den wir Menschen machen, ist, dass wir unsere Prioritäten falsch setzen, indem wir zuerst das Geld suchen, dann die menschlichen Beziehungen und zuletzt den Herrn. Die wichtigste Ressource, der größte Reichtum, den wir haben, ist die Gegenwart Gottes und die Manifestation seiner Herrlichkeit. Nichts ist wichtiger als das. Gott braucht Menschen, die wie Mose mit der Vergangenheit, mit Niederlagen und Traditionen brechen wollen, denn er wird für die wirken, die nach ihm hungern und dürsten. Nehmen wir uns das Leben des Mose zum Vorbild, denn viele von uns sind wie er und befinden sich in der gleichen Situation. Er verbrachte vierzig Jahre in der Wüste (Apg 7,30), bevor er den Punkt erreichte, an dem Gott ihn gebrauchen konnte. Oft kommt die Erweckung aus der Wüste.

Wie viele Menschen fangen mit nichts an und bauen dann ein Imperium auf? Wie viele Menschen gründen ein Unternehmen ohne Startkapital und sind sehr erfolgreich? Wie viele Menschen haben körperliche Behinderungen und schaffen trotzdem erstaunliche Dinge? Weißt du, was das bedeutet? Mach den ersten Schritt und Gott wird dich begleiten!
Es gibt Zeiten in unserem Glaubensleben, in denen der Herr im Verborgenen zu uns spricht und seine Stimme eine Beziehung zu ihm entstehen lässt. Aber allzu oft reagieren wir nicht auf die Einladungen Gottes in uns, weil wir sie nicht verstehen und hier kommt Jesus ins Spiel, der uns in das Herz des Vaters führt, wo alles Licht ist. Jesus ist die 'Tür', die uns den Dialog mit Gott öffnet.
Die Begegnung mit Jesus kann uns ans andere Ufer führen, zu einem

anderen Leben, zu reiferen Beziehungen.

Das Besondere an Jesus ist, dass er einer von uns ist, wie wir, mit Gefühlen und Problemen wie jeder von uns und gerade das macht ihn für die Menschen, besonders für die Jugendlichen, zugänglicher. Vor Gott wollen wir alle als vollkommen gelten, so wie der Allmächtige sich das vorstellt. Von Jesus haben wir die Kunst gelernt, ohne Angst zu lieben und ihn als einen von uns zu betrachten. Was für eine wunderbare Tat hat Gott aus Liebe zu uns, seinen Kindern, vollbracht, indem er uns seinen Sohn Jesus Christus, unseren Bruder, gesandt hat, um uns das schönste Geschenk, das wir auf Erden haben, zu lehren: die Liebe. Ein Wort, das sie vorher nicht kannte. Was sie erlebt hatte, vor allem während ihrer Krankheit, hatte tiefe Spuren an ihrem Körper und in ihrer Seele hinterlassen. Früher hatte sie alles getan, was ihr Herz ihr sagte, ohne zu zweifeln, aber die Krankheit und der finanzielle Ruin hatten alles verändert. Sie wollte keine Fehler mehr machen. Sie sah das Leben plötzlich mit anderen Augen und überlegte alles mindestens zehnmal, bevor sie handelte. Sie spürte die Verbindung und das Bedürfnis nach Gott, aber sie konnte sich nicht ganz auf ihn einlassen.

Gott zu begegnen, oder besser, sich von ihm begegnen zu lassen, bedeutet, sich jener geheimnisvollen Dimension zu öffnen, die wir in jeder intensiven Erfahrung spüren. Der Sinn einer Beziehung zu einem anderen Menschen, sei es Freundschaft oder Liebe, kann in der gemeinsam verbrachten Zeit, in der Stille und im Zuhören gefunden werden. Das gilt auch für die Beziehung zu Gott. Aber Viktoria hat diese Beziehung vor Jahren verloren. Jahre, in denen sie sich nur auf sich selbst verlassen konnte. Jahre, in denen sie einen Fehler nach dem anderen machte. Jahre, in denen sie eine Abwehrhaltung gegen alles und jeden entwickelte. Manchmal auch gegen sich selbst. Und dann war da noch ihre Freundin Annika, die versuchte, sie davon zu überzeugen, dass es falsch sei, ihr Haus zu verkaufen und an einen Ort zu ziehen, an dem sie niemanden kannte.

Sie konnte nicht mehr schweigen, denn Er, Gott, war es, der handelte. Gerade wenn wir auf die Geräusche und Stimmen der Welt verzichten, um in seiner Gegenwart zu bleiben, wenn wir nicht nach Verständnis suchen, weil es uns genügt, von ihm erkannt zu werden, dann ist Schweigen Glaube. Viktoria hatte die Verbindung mit Gott zugelassen und konnte es nicht über sich bringen, sich in seine Arme fallen zu lassen.

«Ich habe ihr Haus immer geliebt und ich kann nicht leugnen, dass die ganze Nachbarschaft sie um das Glück beneidet hat, ein so schönes Haus zu besitzen, das jetzt mir gehören wird. Ich kann mir vorstellen, dass es für sie nicht leicht ist, sich von einem solchen Traumhaus zu trennen, vor allem nach all den gesundheitlichen Problemen, die sie in den letzten Jahren hatten. Mir würde es genauso gehen. Um ihnen zu danken, dass sie mich als Käufer gewählt haben und um ihnen ein wenig Kraft zu geben, diese schwere Zeit zu überstehen, habe ich ein Geschenk mitgebracht», sagte der Käufer, nachdem er den Kaufvertrag unterschrieben hatte und überreichte ihr ein Päckchen.

«Es war ein Zufall, dass wir darüber gesprochen haben, bevor ich mit dem Verkauf über Online-Plattformen begonnen habe. Ich bin froh, dass mein Haus jetzt in guten Händen ist.

Aber was haben sie mir mitgebracht? Es war nicht nötig, mir ein Geschenk zu kaufen», fragt Viktoria und hebte das nicht ganz leichte Paket hoch.

«Es ist eine alte, sehr gut erhaltene Bibel aus dem Jahr 1883, die seit

Generationen im Besitz unserer Familie ist. Ich denke, sie ist bei Ihnen in guten Händen.«

Begeistert packte Viktoria die Bibel aus und nahm sie in die Hand, ein wunderschönes Exemplar mit einem robusten dunkelgrauen Einband und einem goldenen Kreuz in der Mitte. Die hauchdünnen Papierseiten mit den für sie fast unleserlichen Worten in altdeutscher Schrift verströmten einen altertümlichen Duft. In diesem Moment wusste sie, dass sie das Richtige getan hatte und fühlte einen inneren Frieden.

Der Käufer für ihr Haus fiel ihr praktisch in den Schoß, sie musste nicht einmal danach suchen. In dem Moment, in dem sie die Idee hatte, zu verkaufen, hatte sie sofort den richtigen Käufer, der nicht einmal von ihren Preisvorstellungen abwich. War es Zufall, dass sie an diesem Tag ihren Nachbarn auf der Straße traf und ihm von ihrer Verkaufsabsicht erzählte? War diese Verkaufsabsicht der Auslöser für den Prozess?

Wer an Gott glaubt, weiß, dass es immer an uns liegt, den ersten Schritt zu tun, wenn wir etwas erreichen wollen.

Jede Absicht und jeder Wunsch enthält in sich den Mechanismus zur Verwirklichung. Absicht und Wunsch im Bereich der reinen Potentialität zeichnen sich durch eine unendliche Gestaltungskraft aus. Und wenn wir eine Interaktion in den fruchtbaren Boden der reinen Potentialität einführen, bringen wir diese Kraft dazu, für uns zu arbeiten. Alles im Universum ist Energie und Information und reagiert auf das Bewusstsein, das der gesamten Schöpfung zugrunde liegt. Wie in der Bibel und in Büchern über das Gesetz der Anziehung erklärt wird, ziehen wir durch Resonanz das an, was in unserer

Frequenz schwingt. Um die gewünschte Realität zu manifestieren, stehen uns zwei Werkzeuge zur Verfügung: Aufmerksamkeit und Absicht. Die Energie folgt der Aufmerksamkeit, wir nähren energetisch das, worauf wir unsere Aufmerksamkeit richten. Die Absicht hingegen ist der Motor des Wunsches, durch den wir die Energieumwandlung auslösen, die zur Manifestation der gewünschten Realität führt. Wir brauchen also drei Dinge, um unser Ziel zu erreichen: die Absicht, die Handlung und den Glauben an den Erfolg. Du magst in deinem Leben alle möglichen Rückschläge erlebt haben, aber wenn Gott dich für den Erfolg geschaffen hat, wird dein Herz nach Erfolg schreien und er wird dich zum Erfolg führen.

Als Viktoria nach dem Hausverkauf nach Hause kam, erwartete sie ihre Kinder mit deren Freundinnen und Annika mit ihrem Mann.

«Und? Wie oft musstest du während des Verkaufs die Küchenrolle auspacken, um deine Tränen zu trocknen?«, fragt Annika mit einem Anflug von Sarkasmus.

«Du meinst die Tränen des Glücks?«, fragte Viktoria lächelnd.

«Sag mal, traust du dich eigentlich noch zu lachen?«, fragte Annika irritiert.

Annika schien ein Problem mit Viktorias Entscheidung zu haben, also nahm Viktoria die Bibel, die ihr der Käufer geschenkt hatte, aus der Tasche und legte sie vorsichtig auf den Tisch.

«Wenn es darum geht, Entscheidungen zu treffen, ist die Bibel ein guter Ratgeber, wusstest du das? Sie kann uns helfen, "Weisheit und Einsicht zu gewinnen" (Sprüche 4,5). Manchmal sagt sie uns, was die beste Entscheidung ist, manchmal gibt sie uns nützliche Ratschläge, wie wir weise Entscheidungen treffen können. Ups... ich vergaß, dass du als guter Atheist sicher nie den Willen oder die Gelegenheit hattest, einen Blick in dieses Buch der Weisheit zu werfen«, erwiderte Viktoria.

«Oh, wie schön, lass mich einen Blick in die Bibel werfen«, bat Luka.

«Hast du diese schöne Villa wenigstens zu einem akzeptablen Preis verkauft? Du weißt doch, dass die wirtschaftliche Lage in Deutschland katastrophal ist«, fragte Mathias, Annikas Mann.

«Ich habe ihm meinen Preis genannt und er hat den Kaufvertrag unterschrieben, ohne ein Wort zu sagen. Besser hätte es nicht laufen können.

«Jippeee, lass uns feiern, ich habe eine Flasche Prosecco mitgebracht«, rief Marko.

Wie hat Viktoria trotz des Sturms in ihrem Leben und der Wirtschaftskrise in Deutschland die richtigen Entscheidungen getroffen und das Beste aus ihrer schwierigen Situation gemacht?

Sie hat es geschafft, obwohl sie immer noch Schwierigkeiten hatte, sich mit Gott zu verbinden. Als Erstes beschäftigte sie sich damit, was die Bibel zu diesem Thema sagt. Da unser Schöpfer weiß, was das Beste für uns ist, enthält sein Wort die weisesten Ratschläge, die es gibt (Psalm 25:12). In manchen Fällen sagt die Bibel ganz klar, was wir tun sollen, zum Beispiel durch Gesetze oder Gebote (Jesaja 48:17, 18). In vielen anderen Fällen ist sie nicht so konkret, sondern enthält Grundsätze, an denen wir uns orientieren können. Diese Grundsätze helfen uns, gute Entscheidungen zu treffen und lassen gleichzeitig Raum für persönliche Vorlieben und Präferenzen, denn wir wissen, dass Gott uns liebt und uns immer die Freiheit lässt, uns zu entscheiden. Da sie immer noch Schwierigkeiten hatte, die Botschaften ihres Herzens richtig zu deuten, weil die Bibel sagt, dass man sich nicht nur von Emotionen oder Gefühlen leiten lassen soll, wandte sich Viktoria im Gebet an unseren Herrn Jesus Christus und bat Gott den Vater, ihr Weisheit zu geben. Die Bibel warnt uns, dass wir uns nicht immer auf unser Herz verlassen sollen (Sprüche 28,26; Jeremia 17,9): Wenn wir zum Beispiel wütend, deprimiert, entmutigt, ungeduldig oder zu müde sind, können wir unkluge Entscheidungen treffen (Sprüche 24,10; 29,22). In Jakobus 1,5 erfahren wir, dass Gott diese Gebete gerne erhört. Er ist ein fürsorglicher Vater. Die Bibel sagt: "Gott ist es [...], der Weisheit gibt; aus seinem Munde kommt Erkenntnis und Verstand" (Sprüche 2,6). Gott gibt uns Weisheit vor allem durch sein geschriebenes Wort, die Bibel (2. Timotheus 3,16.17).

Manchmal, genau wie bei Viktoria, mögen unsere Entscheidungen einigen Freunden oder Verwandten nicht gefallen, aber jede Entscheidung, die Gott trifft, ist weise. Es gibt also keinen Grund, sich Sorgen zu machen. Triff deine Entscheidung und bleibe dabei, wenn dein Herz dir sagt, dass es das Richtige für dich ist.

«Aber was willst du in einem neuen Staat, wo du niemanden kennst? Hier hast du uns, dein Büro, deine Kunden«, beharrte Annika.
«Weißt du, in genau 14 Tagen muss ich das Haus an den neuen Besitzer übergeben, da habe ich keine Zeit mehr, mir allzu viele Fragen zu stellen, ich habe schon alle Antworten, die ich brauche und ich habe meine Entscheidungen getroffen. Mein Büro wird auch verkauft und ich werde das Maklerbüro auflösen«, sagte Viktoria mit der Selbstsicherheit eines Menschen, der weiß, was er tut.
«Verdammt, Viktoria, du hast den Verstand verloren«, schrie Annika.
«Meinst du das ernst, Mama?«, stieß Marko mit zusammengebissenen Zähnen hervor.

Alle Anwesenden starrten Viktoria an, als käme sie von einem anderen Stern, dabei wollte sie doch nur ihr Leben wieder in den Griff bekommen und sich völlig neu orientieren.

«Ich war mir noch nie so sicher, dass das der richtige Weg ist. Nächsten Samstag ist der Umzug, wer kommen und helfen will, ist willkommen, wer nicht kommt, für den habe ich Verständnis.»
Das waren die wenigen Worte, mit denen Viktoria ihren Standpunkt erläuterte.
«Aber wovon willst du leben, wenn du das Immobilienbüro aufgibst?«, hakte Annika nach.
«Psalm 23,... empfehle ich dir wärmstens zu lesen«, riet Viktoria.
«Und du erwartest von mir, dass ich diesen Unsinn glaube, nachdem du aus heiterem Himmel beschlossen hast, alles loszuwerden, uns eingeschlossen?«, schrie Annika.
«Nun, wenn Psalm 23 dich nicht überzeugt, dann kannst du ja mit Markus 10, 28-30 weitermachen .... und wir sehen uns auf der anderen Seite des Wunders ...

Wütend nahm Annika Luka die alte Bibel aus der Hand und suchte hastig nach den Markusversen.

Markus 10, 28-30
Da stand Petrus auf und sprach zu ihm: Siehe, wir haben alles verlassen und sind dir nachgefolgt! Jesus antwortete ihm und sprach: Wahrlich, ich sage euch: Es ist niemand, der Haus oder Brüder oder Schwestern oder Vater oder Mutter oder Kinder oder Äcker verlassen hat um meinetwillen und um des Evangeliums willen, der nicht

hundertfältig empfange: jetzt in dieser Zeit Häuser und Brüder und Schwestern und Mütter und Kinder und Äcker unter Verfolgungen und in der zukünftigen Welt das ewige Leben.

«Wie gesagt, du hast den Verstand verloren!«, erwiderte Annika und schüttelte beim Lesen der Verse mehrmals den Kopf.

Kapitel 5   Unter Gottes Führung

W as will mir der Himmel heute sagen?", fragte sich Viktoria, als sie auf einem Hügel saß, von dem aus sie das ganze Dorf überblicken konnte. Eine herzförmige Wolke stand vor ihr am blauen Himmel.

Vor ein paar Wochen war sie in eine Wohnung in Süddeutschland gezogen, in ein Dorf am Fuße der Berge. Fast jeden Tag sah sie bei ihren Spaziergängen etwas Herzförmiges, manchmal Wolken, manchmal Steine, manchmal Blätter. Und dann waren da noch die spektakulären, nie zuvor gesehenen Sonnenuntergänge, deren Farben den Himmel zum Leuchten brachten. Sie hatte das Gefühl, an einem Ort mit einer ganz anderen Energie gelandet zu sein. Vor allem aber rührte sie der Anblick all dieser Naturschönheiten zu Tränen. Sie empfand einen solchen inneren Frieden, dass sie alles um sich herum ganz neu wahrnahm. Auch ihre Einstellung zur Arbeit war in dieser Zeit eine andere als sonst, so als hätte sie eine Auszeit oder eine Pause von der Arbeit genommen. Seit dem Umzug beschränkte sie sich auf Gelegenheitsjobs, die ihr Freizeit verschafften. Es war, als ob sie sich neu orientierte.

Was war in ihrem Leben passiert? Sie glaubte immer noch an Erfolg und Wohlstand, aber sie hatte eine Pause von der Arbeit eingelegt, den Fuß vom Gaspedal genommen und sich auf ein minimalistisches Leben beschränkt.

War das Gottes Walten in ihrem Leben? War das der Lebensplan, der für sie vorgesehen war: nach dem Sturm, der ihr Leben erschüttert hatte, mit leeren Händen dazustehen, nach mehr als 20 Jahren Hingabe in einem fremden Land? Hatte Gott ihr Leben wirklich im Griff?

Nichts gibt uns so viel Kraft und Sicherheit wie das Verständnis von Gottes Souveränität in unserem Leben. Gottes Souveränität ist definiert als die vollständige, unabhängige und totale göttliche Kontrolle über jedes Geschöpf, jedes Ereignis und jeden Umstand zu jeder Zeit in der Geschichte. Niemandem unterworfen, von niemandem beeinflusst, in völliger Unabhängigkeit tut Gott, was er will, nur wie er will und wann er will. Gott hat jederzeit die vollständige Kontrolle über jedes einzelne Molekül im Universum und alles, was geschieht, wird von ihm für seine vollkommenen Zwecke verursacht oder zugelassen. Gott hat uns die Fähigkeit gegeben, den Glauben zu praktizieren, um Frieden und Freude zu haben und dem Leben einen Sinn zu geben. Aber damit der Glaube seine Kraft entfalten kann, muss er auf etwas gegründet sein. Es gibt kein festeres Fundament als den Glauben an die Liebe unseres himmlischen Vaters zu uns, den Glauben an seinen Plan des Glücks und den Glauben an die Fähigkeit und den Willen Jesu Christi, alle seine Verheißungen zu erfüllen. Für manche ist der Glaube etwas Unbegreifliches und wird deshalb nicht voll ausgeschöpft. Manche glauben, dass die Führung, die man durch einen festen Glauben erhalten kann, nicht rational ist. Der Glaube ist jedoch keine Illusion oder Magie, sondern eine Kraft, die in ewigen Prinzipien verwurzelt ist.

Nur wer glaubt, weiß, dass man im Leben alles erreichen kann, wenn man Gottes Prinzipien folgt;

Der Glaube an Gott und seinen Willen, uns in der Not zu helfen, wie schwierig die Situation auch sein mag.

Seinen Geboten gehorchen und so leben, dass er uns vertrauen kann.

Sensibel sein für die leisen Eingebungen des Heiligen Geistes.

Mutig diesen Eingebungen zu folgen.

Geduldig und verständnisvoll sein, wenn Gott uns kämpfen lässt, um zu wachsen auch wenn die Antworten erst nach und nach über einen langen Zeitraum kommen, denn ein motivierender Glaube basiert auf dem Vertrauen in den Herrn und seine Bereitschaft, auf unsere Bedürfnisse zu antworten.

«Warum hören wir so wenig von dir, seit du umgezogen bist? Jetzt, wo du mehr Freizeit hast, findest du keine Zeit mehr, mich anzurufen«, klagte Annika am anderen Ende der Leitung.

«Weißt du, seit ich hier bin, habe ich eine unglaubliche innere Ruhe entwickelt. Ich weiß nicht, wann ich mich je so gefühlt habe, ganz allein in der Natur zu sein und von einem Sonnenuntergang zu Tränen gerührt zu werden. Ich weiß gar nicht, wie lange es her ist, dass ich mir die Zeit genommen habe, nichts zu tun«, antwortete Viktoria mit einer Gelassenheit, die nicht von dieser Welt zu sein schien.

«Aber wie kannst du den ganzen Tag nichts tun? Du brauchst einen Job, du musst dich mit anderen Leuten treffen, du musst mit Männern ausgehen und natürlich Sex haben. Hast du vergessen, dass alles um dich herum Leben ist?«, schrie Annika.

«Nein, ich habe es nicht vergessen, aber du siehst, dass ich vor lauter Tun den Kontakt zu mir selbst verloren habe und jetzt das Bedürfnis habe, einfach nichts zu tun. Mein Herz sagt mir das.

«Bist du dir der Veränderung bewusst, die du vollzogen hast? Für die Menschen um dich herum ist es fast unmöglich zu verstehen, was mit dir passiert. Und dann deine Tätowierung, wie konntest du nur auf die Idee kommen, dir den Namen 'Jesus' auf die Haut tätowieren zu lassen? Bist du noch ganz bei Trost?«, sprudelte es aus Annikas Mund.

«Ich weiß nicht, ob ich ohne Jesu Eingreifen in mein Leben in der Lage gewesen wäre, Gott wieder näher zu kommen und diese positive Veränderung für mich zu erreichen. Auch meine Kinder finden, dass ich ruhiger geworden bin. Ich habe auch nicht geplant, die ganze Zeit arbeitslos oder Single zu sein, auch das wird sich ändern, wenn die Zeit reif ist. In deinen Augen scheint alles, was ich tue, falsch zu sein. Du weißt, dass ich alt genug bin, oder?«
«Ich habe den Eindruck, dass du von einer Sekte besessen bist, die dein Leben ruiniert...«

«Sag mal, bist du verrückt? Wer hat dir denn eingeredet, dass Jesus Christus eine Sekte ist? Wahrscheinlich der Teufel selbst, würde ich sagen...«, kommentierte Viktoria bissig und beendete das Gespräch.

So sehr Viktoria ihre Freundin Annika auch liebte, merkte sie doch, dass ihre Meinungsverschiedenheiten mit der Zeit immer unüberbrückbarer wurden. Während Viktoria ihre atheistische

Einstellung respektierte, nutzte Annika jede Gelegenheit, sie und ihren Glauben an Gott zu kritisieren. Es schien, als hätte sich ihre beste Freundin völlig gegen sie gewandt, nur weil sie beschlossen hatte, ihr Leben anders zu leben und das zu finden, was tief in ihr verborgen war. Sie hatte einen völlig neuen Lebensweg eingeschlagen, der eine tiefgreifende Veränderung und einen völligen Bruch mit alten Gewohnheiten bedeutete.

Etwas verärgert über Annikas Verhalten und Vorwürfe, betete Viktoria im Stillen zu Jesus: Er möge seinen allmächtigen Vater bitten, ihr die Weisheit zu geben, zu verstehen, welches Geschenk er für sie auf diesem neuen Lebensweg bereithalte.

Ich bitte dich um die Gnade, den Weg zu gehen, den du mir gezeigt hast. Leite mich, mein Herr Jesus Christus, in allen meinen Handlungen und Entscheidungen. Ich bin erschöpft nach allem, was ich durchgemacht habe, aber ich vertraue auf Dich, dass Du mich körperlich und geistig regenerierst, damit ich die Kraft finde, diesen neuen Lebensweg weiterzugehen.

Strebt ihr nach den größeren Gaben? Ich will euch einen viel besseren Weg zeigen. 1 Kor 14,12

Je regelmäßiger die Verbindung mit Jesus wurde, desto klarer empfand Viktoria die Botschaften, die aus ihrem Herzen kamen und desto größer wurde ihr innerer Friede. Sie fühlte sich von Jesus verstanden. Sie spürte seine Nähe, als hätte sie einen Freund an ihrer Seite, der genau wusste, was sie durchmachte. Und warum?

Jesus weinte

Jesus wurde abgelehnt

Jesus wurde verspottet

Jesus wurde verwundet

Jesus wurde verraten

Jesus wurde versucht

Jesus wurde verlassen

Jesus ist einer von uns! Und wie wir hat er alle Schmerzen durchlitten, um uns von der Sünde zu befreien.

In seiner Gerechtigkeit und Güte wird der Herr uns Sünderinnen und Sünder aller Zeiten und Orte den Weg lehren. Er begleitet uns liebevoll auf unserem beschwerlichen Weg, der Demut und Gottesfurcht erfordert. Doch seine allgegenwärtige Hilfe scheint uns nicht auszureichen. Was fehlt uns? Oder besser: Was müssen wir loswerden, um den Weg der Rechtschaffenheit und Gerechtigkeit zu gehen?

Um den Weg zu lernen, den Gott uns vorschlägt, müssen wir uns von unseren tiefsten Überzeugungen befreien, von Feindseligkeit, Bosheit, Ängsten und Sorgen und vor allem müssen wir lernen zu lieben, uns selbst zu lieben und glücklich zu sein. Erst dann werden wir fähig sein, uns dem Nächsten zu öffnen, uns selbst und den anderen zu verzeihen; wir werden entdecken, wie kostbar Augenblicke sein können, in denen wir innehalten, uns hinsetzen, still werden, um auf die Dinge zu hören, die Gott geschaffen hat, um ihnen nahe zu sein und auf ihre Stimme zu hören. Auf dem Weg, den der Herr uns zu gehen lehrt, können wir die Liebe und den Wunsch, Teil einer Gemeinschaft zu sein, wiederentdecken; wir entdecken die

Schönheit der Brüderlichkeit und Schwesterlichkeit in Christus. Das Gebet ist ein grundlegendes Element für unser soziales und geistliches Wachstum. Im Gebet stellen wir uns vor Gott und erkennen ihn, wir können leichter mit uns selbst und miteinander in Beziehung treten. Im Gebet vereint, können wir einander nahe sein, uns versöhnen und uns in Christus eins fühlen.

Auf der Suche nach einem neuen Weg begann Viktoria, wieder für andere zu arbeiten, nachdem sie zehn Jahre lang ihr eigener Arbeitgeber gewesen war. Plötzlich fühlte sie sich von der Gastronomie angezogen und war überzeugt, dass sie dort Geld verdienen und wieder mit der Zivilisation in Kontakt treten könnte. So begann sie, in allen Restaurants der Umgebung nach Halbtagsjobs zu suchen. Wie schon bei ihrer Ankunft in Deutschland 1991 fand sie auf Anhieb eine Stelle mit vier Wochenstunden, die es ihr ermöglichte, ihren Lebensunterhalt zu finanzieren und ab und zu aus dem Haus zu kommen.

«Sie scheinen eine echte Fachfrau zu sein», sagte ihr Arbeitgeber am Ende ihres ersten Arbeitstages.
«Das freut mich sehr. Danke, dass Sie mir die Möglichkeit geben, mich in diesem für mich neuen Bereich auszuprobieren», antwortete sie etwas schüchtern.

Doch am Ende des Tages stellte sie fest, dass es ihr, obwohl sie noch nie in der Gastronomie gearbeitet hatte, leicht fiel, die Arbeit zu erledigen, als ob sie nie etwas anderes getan hätte. So wie damals, als sie in den Neunzigern nach Deutschland kam und ohne

Sprachkenntnisse sofort anfing zu arbeiten.

Irgendwie glücklich, wieder am Anfang der Erfolgsleiter zu stehen, rief Viktoria ihre Kinder an, um ihre Meinung zu hören.

«Es mag enttäuschend klingen, aber ich habe heute eine Stelle in der Gastronomie angetreten», sagte Viktoria, während ihre Kinder ihr über die Freisprechanlage zuhörten. «Hört ihr mir zu?», fragte sie, als keine Antwort kam.

«Wow, Respekt, das ist wirklich beeindruckend», kommentierte Luka.

«Auf jeden Fall. Das finde ich auch. Und wie fühlt sich das an?», fragte Marko.

«Nun, ich muss sagen, es gefällt mir!», antwortete sie scherzhaft und alle drei brachen in schallendes Gelächter aus. «Findet ihr das lustig?», fragte sie, als die Jungs immer noch lachten.

«Du arbeitest für einen Italiener?», fragte Luka.

«Klar, für wen denn sonst!»

«Sei vorsichtig, du weißt doch, dass Italiener den Ruf haben, Schürzenjäger zu sein», sagte Marko.

«Stimmt das? Ich dachte, alle Männer wären Schürzenjäger ...»

«Es ist schön zu hören, dass es dir so gut geht, Mama», sagte Luka.

«Ich dachte, ich hätte eure Erwartungen enttäuscht, als ich von einer selbstständigen Managerin zu einer Kellnerin in einem Frauenclub wurde.»

«Wenn du denkst, dass wir dich deshalb für degradiert halten, dann irrst du dich. In unseren Augen hast du deine Würde nicht verloren, nur weil du für andere arbeitest. Wir wissen sehr wohl, wozu du fähig bist, wenn du die höchste Stufe erreichst. Im Moment können wir sagen, dass wir alle drei auf der gleichen Stufe stehen und dass du wie wir am Anfang deiner zukünftigen Karriere stehst«, sagte Marko stolz zu seiner Mutter.

Zu Tränen gerührt fragte Viktoria leise: «Woher kommen diese schönen Worte?

«Aus dem Herzen«, antworteten die Jungs gleichzeitig.

Was für eine Freude für Viktoria, diese Worte zu hören und zu wissen, dass ihre Familie zusammenhält.

Gott schien nicht nur sie, sondern auch ihre Söhne positiv zu beeinflussen, denn alle drei schienen auf einer Wellenlänge zu sein. Viktoria hatte schon immer eine besondere Beziehung zu ihren Kindern. Von Geburt an waren ihre Kinder daran gewöhnt, vom Glauben an Gott zu hören. Der Familientradition folgend, ließ Viktoria sie auch in einer katholischen Kirche taufen und zur Erstkommunion führen. Bevor sie offiziell aus der katholischen Kirche austrat, unterrichtete sie ihre Kinder zusammen mit einer Gruppe anderer Kinder, die in derselben Kirche zur Erstkommunion gehen sollten. Sie war die einzige Mutter in der Gruppe, die Katechismusunterricht gab. Es war eine wunderbare Erfahrung für die Kinder und auch für sie, vor allem, weil sie die Möglichkeit hatte, nur das zu unterrichten, was sie für sinnvoll hielt und nicht den Standardlehrplan der katholischen Kirche.

Als ihre Kinder älter wurden, betete Viktoria weiter für die kleinen, alltäglichen Dinge in ihrem Leben: Freundschaften, Sport, Gesundheit, Schulprüfungen - denn wie wir alle wissen, lädt uns der Herr ein, alle unsere Sorgen zu ihm zu bringen. Aber als sie die Gebete des Paulus für die Menschen, die sie liebte, las und studierte, erkannte sie auch die grundlegende Bedeutung des Gebets für die geistlichen Nöte ihrer Kinder. An manchen Tagen, vor allem seit sie ihr eigenes Unternehmen gegründet hatte, neigte Viktoria dazu, in der Hektik des Lebens das Gebet zu vergessen, obwohl sie sehr wohl wusste, dass das größte Bedürfnis ihrer Kinder nicht momentanes Glück, sondern wachsende Heiligkeit war. Heiligkeit und Glück sind keine Gegensätze, sondern eng miteinander verbunden. Heiligkeit führt zu wahrem Glück: der ewigen Freude einer Seele, die in Christus verwurzelt ist. Als sie Gott bat, ihre Kinder heilig zu machen, betete sie für ihr höchstes Wohl. Von Kindheit an programmierte sie ihre Kinder auf Glück, Wohlstand und Erfolg. Das Gebet des Paulus an die Philipper half ihr zu verstehen, wie sie für die Heiligkeit ihrer Kinder beten sollte.

Ich bete darum, dass eure Liebe immer reicher und tiefer wird und dass ihr immer mehr Einsicht und Verständnis gewinnt. So werdet ihr entscheiden lernen, wie ihr leben wollt, damit ihr an dem Tag, an dem Jesus Christus Gericht halten wird, untadelig und ohne Schuld vor euren Richter treten könnt. Alles Gute, das Christus in einem von Schuld befreiten Leben schafft, wird dann bei euch zu finden sein. Und das alles zur Ehre und zum Lob Gottes! Philipper 1,9-11

Auch Gebete für den beruflichen Erfolg ihrer Kinder gehörten für Viktoria zum Ritual, um sie auf ihrem beruflichen Weg zu begleiten, zu motivieren und zu unterstützen - zumindest bis zu der Zeit, als der Kampf zwischen ihr und Ivan um das höhere Einkommen begann und sie den Kontakt zu sich selbst und zu Gott völlig verlor.
Eines ihrer Lieblingsgebete für Erfolg, welches sie auch ihren Kindern beibrachte, war dieses:
Herr, lenke meine Handlungen, bewahre meine Zunge, segne meine Bemühungen, leite meine Entscheidungen und hilf mir, mein Bestes

zu geben, damit ich Deinen Namen in meinem Leben und in meiner Karriere ehren kann. Ich bete um Erfolg, Gott!

Viele werden überrascht sein, hier den Satz 'Bewahre meine Zunge' zu hören. Nun, sogar die Bibel preist die Wichtigkeit, die Zunge zu beherrschen, wie es in aktuellen Modern Coaching Programmen empfohlen wird.

Tod und Leben sind in der Zunge; wer sie liebt, wird ihre Frucht essen. Sprüche 13,3

Worte haben Macht: Sie können über Leben und Tod entscheiden. Wer gerne redet, muss mit den Folgen leben.

Was aus dem Mund kommt, zeigt, was im Herzen ist.

Die Bibel sagt viel über den Gebrauch der Zunge, der Lippen, des Mundes, der Worte und der Sprache. Gott schuf den Menschen nach seinem Bild. Er gab dem Menschen die Fähigkeit zu sprechen und sich verständlich zu machen, sich in Worten und Sätzen auszudrücken. Indem Gott dem Menschen diese Fähigkeit gab, übertrug er ihm auch einen Teil seiner Autorität und Kreativität. Denn das Wort Gottes hat alles Lebendige geschaffen. (Psalm 33,6; Hebräer 11,3). Die Macht des Wortes hat großen Einfluss auf unser Verhalten. Deshalb ist es gut, dieses Thema ernst zu nehmen.

In modernen Coaching-Programmen wird behauptet, dass das Erzählen von Lebenszielen mit anderen Menschen unsere Motivation und die Anatomie unseres Gehirns beeinflussen und uns davon abhalten kann, unsere Ziele zu erreichen. Aber warum?

Es ist normal, dass wir das Bedürfnis haben, mit anderen über unsere Pläne zu sprechen und dass die Selbstenthüllung (oder das Teilen wertvoller Informationen über uns selbst) dazu beiträgt, Intimität in Beziehungen zu schaffen. Bevor wir dies tun, sollten wir jedoch einige Situationen berücksichtigen.

Um ein Ziel zu erreichen, ist es wichtig zu glauben, dass dieses Ziel erreicht werden kann. Es gibt Menschen, die fest von ihrem Vorhaben überzeugt sind, aber es gibt auch Menschen, die Zweifel und Ängste haben und sich nicht so sicher sind. Wenn wir unsere Ziele mit anderen teilen, bevor wir sie erreicht haben, setzen wir uns der Gefahr aus, alle möglichen Meinungen und Ratschläge zu erhalten, von denen viele wahrscheinlich nicht ermutigend sind. Menschen, die uns nahestehen, könnten unser Projekt pessimistisch sehen, uns ständig darauf hinweisen, was alles schief gehen kann und uns ermutigen, das Projekt aufzugeben. Selbst wenn sie es nicht böswillig tun, können ihre Kommentare uns zweifeln und zögern lassen und sogar eine psychische Mauer errichten, die uns erheblich einschränkt.

Schon als Kind bemerkte Viktoria, dass eine Stimme in ihr nach Erfolg verlangte, während die Menschen um sie herum sie davon zu überzeugen versuchten, dass es für eine Frau unmöglich sei, das zu erreichen, was sie wollte.

Viktoria hatte die Kraft, dies zu ignorieren und erkannte später, dass die Grenzen, die andere ihr zu setzen versuchten, ihre eigenen Grenzen waren. Wie wir alle wissen, ist es leider nicht immer einfach, in solchen Situationen rational zu denken und man neigt dazu, Zweifel und Ängste zu entwickeln und seine Träume aufzugeben. Viktoria hatte den Mut, Wohlstand zu fordern und Geduld zu haben und alles in ihrem Leben lief gut, bis sie und Ivan anfingen, miteinander zu konkurrieren.

Die Fähigkeit zu warten und geduldig zu sein, wird auch in mehreren Kapiteln der Bibel erwähnt. Was wir durch Geduld lernen, wird unseren Charakter stärken, unser Leben auf eine höhere Ebene heben und unser Glück vermehren.

Ein Geduldiger ist besser denn ein Starker und wer seines Mutes Herr ist, der gewinnt Städte. Sprüche 16,32

Aber wenn wir Glauben haben und unter dem Einfluss Gottes leben, warum neigen wir dann dazu, ungeduldig zu sein?

Ganz einfach, weil wir in einer Zeit leben, in der wir nicht mehr warten können und alles unter Kontrolle haben müssen und zwar schnell. Im Zeitalter der Schnelligkeit und des "Alles und Jetzt" ist Warten einer der unangenehmsten Zustände. Nicht jeder versteht, dass Stillstand nicht bedeutet, sich nicht zu bewegen, sondern sich besser zu bewegen, denn auch das scheinbar lästige Warten kann zu nützlichen Überlegungen führen, die uns besser machen. Wir haben keine Zeit, ins Kino zu gehen, um den letzten Film zu sehen, weil ein anderer angefangen hat, das Lied, das wir letzten Monat nicht verpassen konnten, ist heute vergessen und wir haben ein neues. So ist es auch, wenn wir aus dem Kleinen ins Große treten, der Arbeitsmarkt, die Kommunikation, die Beziehungen, alle Bereiche, in denen wir das Leben ablehnen können, verändern sich so schnell, dass es uns die Sprache verschlägt. Wir erleben Veränderungen so schnell, dass wir nicht einmal Zeit haben, sie zu analysieren und schon sind wir über sie hinaus. So ist es jeden Tag.

Auch Viktoria befand sich vor ihrer Erkrankung in einem hektischen Rhythmus, in dem sie und ihr inzwischen Ex-Mann Ivan das Spiel spielten, wer mehr hat und mehr verdient und dabei den eigentlichen Grund vergaßen, warum sie zusammengekommen waren und eine

Familie gegründet hatten: die Liebe. Doch irgendwann zwang ihr Körper Viktoria, erst langsamer zu werden und dann innezuhalten. Erst mit dem Umzug in eine neue Stadt begann für sie eine neue Ära voller Lebens- und Erfolgspläne, mit klarem Kopf und im Vertrauen darauf, den Herrn auf ihrer Seite zu haben. Im Vertrauen auf den Beistand ihres Herrn Jesus Christus und auf die Stimme ihres Herzens, die ihr den Weg wies, wägte sie zum ersten Mal seit Jahren in aller Ruhe alle Möglichkeiten für einen soliden und dauerhaften Erfolg ab.

«Guten Abend, Viktoria, du siehst heute gut aus«, sagte ihr Chef Gianni, als sie das Restaurant betrat.

«Ich bin verheiratet«, antwortete sie und log, um ihm aus dem Weg zu gehen.

«Oh, das macht nichts, ich bin nicht eifersüchtig«, bestätigte er mit einem Augenzwinkern.

Toll, genau wie meine Kinder gesagt haben...", dachte sie...

Die ersten Herausforderungen zu Beginn der neuen beruflichen Laufbahn hatten begonnen. Einen Schürzenjäger als Arbeitgeber hatte sie in all den Jahren als Angestellte in Deutschland noch nicht erlebt. Trotzdem schien sie Geduld mit Giannis extravagantem Verhalten zu haben, nichts schien sie aus der Ruhe zu bringen.

Manchmal scheint es eine Vollzeitbeschäftigung zu sein, den inneren Frieden zu bewahren, besonders wenn wir ihn so lange verloren haben. Wir brauchen Frieden in unseren Lebensumständen, Frieden in unseren Beziehungen und Frieden mit Gott. Ständig in Frieden und Gelassenheit zu bleiben, erfordert in der Tat viel

Entschlossenheit, aber es ist möglich. In Psalm 91,1 heißt es: "Wer unter dem Schirm des Höchsten wohnt, der ruht unter dem Schatten des Allmächtigen. Das Christsein lehrt uns, dass das Gebet der erste Schritt zum Frieden ist. Wir dürfen nie aufhören, auf Gott zu vertrauen, denn er ist es, der in jeder Situation das letzte Wort hat. Gehen wir mit Zuversicht und fester Hoffnung auf Jesus und seine Verheißungen, denn der Weg mit ihm ist das Geheimnis des Triumphes und des Glücks. Es gibt keinen anderen Weg.

Wenn wir den ersten Teil von Psalm 37 betrachten, in dem es darum geht, wie man inmitten schwieriger Situationen Frieden in Gott finden kann, stellen wir fest, dass dieser Psalm uns daran erinnert, dass das Leben eines wahren Christen ein Weg des Glaubens ist. Es ist ein Weg, auf dem wir unseren Blick auf das richten müssen, was wir nicht sehen und nicht auf das, was wir sehen. Denn wenn wir unseren Blick auf das richten, was um uns herum sichtbar ist, auf die Ungerechtigkeiten, die Schwierigkeiten, die Dinge, die schief laufen, dann wird es unmöglich sein, ein Leben in Freude zu führen, sondern ein Leben voller Sorgen, voller Lasten und mit einem unruhigen Herzen.

Wenn du die Gegenwart Jesu in deinem Leben hast, wirst du die heilige Ordnung Gottes erfahren. Du wirst Frieden und Ruhe haben, du wirst keine Aufregung oder Angst empfinden, du wirst nicht rennen müssen. Der Fortschritt im geistlichen Leben ist nicht erreicht, wenn du die Gnade des Trostes genossen hast, sondern wenn du in Demut, Selbstverleugnung und Geduld standhaft geblieben bist im Glauben und in der Überzeugung, dass sich alles zu deinem Besten wenden wird. Denn durch die Gnade ist das Leben voller Segen. Wie wichtig ist es, den Segen in unserem Leben zu erkennen und dafür reichlich zu danken! Aber es ist auch wahr, dass das Leben, solange wir hier auf Erden sind, voller Schwierigkeiten und Prüfungen ist!

Kapitel 6 Ein besonderer Wille

Soll ich heiraten? Welchen Beruf soll ich ergreifen? Soll ich in ein anderes Haus oder in eine andere Stadt ziehen?

Zweifel überfallen uns, wenn wir vor wichtigen Entscheidungen stehen und kaum etwas beruhigt uns mehr als die Gewissheit, dass wir bei der Entscheidung, die wir zu treffen haben, im Mittelpunkt des Willens Gottes stehen. Ja, aber was ist der Wille Gottes für uns angesichts der Entscheidung, die wir zu treffen haben? Und wenn es einen bestimmten Willen Gottes für die Entscheidung, vor der wir stehen, gibt, bedeutet das dann, dass wir uns geirrt haben, dass wir Gottes vollkommenen Willen verfehlt haben und deshalb den Rest unseres Lebens außerhalb des Segens leben, den er für uns vorgesehen hat?

Es scheint seltsam, dass aus einem so reinen und frommen Wunsch, unsere Entscheidungen mit dem Willen des Vaters in Einklang zu bringen, so viele Zweifel und Unsicherheiten entstehen können.

Man steht an einer Kreuzung, hat zwei Wege vor sich und weiß nicht, wohin man gehen soll. Vielleicht bittet man Gott um ein klares Zeichen, wie es bei Abraham, Gideon oder Paulus der Fall war. Eine Sache, die sehr leicht passieren kann, ist, dass wir uns so sehr darauf konzentrieren, Gottes besonderen Willen für unser Leben in einer bestimmten Situation zu verstehen, dass wir vergessen, was Gott selbst uns bereits so klar durch sein Wort offenbart hat.

«Endlich kommst du uns nach all der Zeit besuchen, aber was hast du all die Wochen allein gemacht?», fragte Annika, als

Viktoria wieder auftauchte.

«Nichts Besonderes, ich habe viel Zeit mit mir selbst verbracht.»

«Und nur um ein bisschen allein zu sein, musstest du so weit wegziehen? Wir vermissen dich so sehr«, sagte Annika.

«Ich vermisse euch auch, aber dieser Weg, den ich jetzt gehe, ist etwas ganz Besonderes für mich, ich habe noch nie so viel Dankbarkeit für mein Leben und Liebe zu mir selbst empfunden wie in den letzten Wochen.»

«Aber Dankbarkeit wofür? Du hast alles verloren und fühlst dich dankbar?«, hakte Annika nach.

«Dankbar für das, was ich wiedergefunden habe. Mich selbst.»

«Na ja, sich selbst wiederzufinden, das hätte uns auch passieren können.»

«Du musst mich unbedingt besuchen kommen, damit du verstehst, was ich meine. Weißt du, seit ich in Deutschland lebe, war ich noch nie an einem Ort, wo Jesus Christus ständig präsent ist. Es gibt wunderschöne Kruzifixe am Ortseingang oder am Ortsausgang und wenn man über Landstraßen fährt, sieht man Kreuze mitten im Wald, wenn man in die Berge schaut. All das gibt mir das Gefühl, auf dem richtigen Weg zu sein. Und es ist nicht nur die Anwesenheit von Kreuzen oder Kruzifixen, ich spüre seine Gegenwart in mir, mein Leben verändert sich positiv...«.

«Mmhh, lass mich kurz nachdenken ... Ich sehe keine Veränderung, außer dass du am Arsch der Welt gelandet bist...«, sagte Annika gelassen.

«Mit dir zu diskutieren ist reine Zeitverschwendung«, bestätigte Viktoria und schüttelte den Kopf.

Nachdem Viktoria versucht hatte, den Schmerz der Niederlage zu überwinden und sich wieder auf das Wesentliche zu konzentrieren, indem sie die Welt mit neuen Augen betrachtete, stieß sie auf Annikas Oberflächlichkeit. In einer Zeit der Besinnung auf die vielen schönen Dinge des Lebens, in der sie das Unsichtbare wieder zu schätzen lernte, mit einer neuen Perspektive der Dankbarkeit und der Freude an den kleinen Dingen, verspürte sie langsam den Drang, sich von ihrer besten Freundin Annika zu distanzieren. Ruhebedürftig zog sie sich nach dem Abendessen ins Gästezimmer zurück, legte sich ins Bett, schlug die Bibel auf, schloss die Augen und betete;

Mein barmherziger Jesus Christus, bitte gib mir einen Hinweis, damit ich verstehe, ob ich auf dem richtigen Weg bin.

Wahrlich, wahrlich, ich sage euch: Wer an mich glaubt, der wird auch die Werke tun, die ich tue und wird größere als diese tun; denn ich gehe zum Vater. Johannes 14,12

Mmhh, okay .... das ist also eine sehr aussagekräftige Anweisung', dachte Viktoria und fragte sich, 'aber gilt das nur für Männer oder auch für Frauen', als ob nur die 12 Apostel dazu berechtigt wären und ließ den wichtigsten Teil weg: 'Wer an mich glaubt, sagt er, der wird ...'.

Dieser Vers ist ein Loblied auf die Zugehörigkeit. In einer Gesellschaft, in der die Tendenz zur Vereinzelung, zur Distanzierung, zum Desinteresse vorherrscht, ist das Fundament das Jesus uns anbietet, genau das Gegenteil. Es ist das Gefühl der Vertrautheit mit ihm. Es ist die Teilnahme an allem, was er tut. Mit dem Potential unseres inneren Durstes. Die Worte Jesu sind voll von diesem Durst.

Sie sind der Gesang, die Poesie des Evangeliums.

Für Jesus kommt es nicht darauf an, ob wir groß sind, sondern ob wir verstanden haben, wie wir Großes tun können. Der Glaube an ihn ist das Wesentliche. Glauben heißt, sich ihm weihen, ihm ähnlich werden. Seine Werke mit derselben Leidenschaft zu tun, bedeutet, nach seinen empfangenen und geglaubten Lehren zu leben. Wie die Reben, die aus der Verbindung mit dem Weinstock wachsen. Als Jesus die zwölf Jünger auswählte, tat er das nicht, weil er Partner, Mitarbeiter, Sekretäre brauchte... Jesus erwählte sie, damit sie bei ihm seien" (Mk 3,14). Weil er Freunde brauchte, mit denen er sein Leben, seinen Weg, seine Sendung teilen und an die er den Saft der Gnade weitergeben konnte. Nun, was Freundschaft betrifft, war die Situation zwischen Viktoria und Annika nicht gerade vorbildlich, vor allem nachdem Viktoria beschlossen hatte, in eine andere Stadt zu ziehen, um Gott näher zu sein. Doch beim Durchblättern der Bibel fiel ihr auf, dass es in den Sprüchen und Psalmen auch einige Sätze gab, die Frauen gewidmet waren.

Gott ist in ihrer Mitte, sie wird nicht wanken; Gott wird ihr helfen am Morgen. Psalm 46,5

Obwohl das Alte und das Neue Testament in der männlichen Form verfasst sind, finden wir zahlreiche Frauenfiguren. Wir dürfen nicht vergessen, dass die Frau die erste Zeugin der Auferstehung Jesu ist, die Grundlage der christlichen Lehre, die erste wirkliche Evangelisatorin. Die Jüngerinnen Jesu sind geheilte Frauen, freie Frauen, weil sie nicht nur vom Bösen, vom Teufel oder von der Krankheit "befreit" wurden, sondern auch von der gesellschaftlichen Unterdrückung, von einer Struktur, die sie in den Hintergrund drängte und sie in einen Zustand häuslicher Unterwerfung verbannte. Mit dieser Befreiung wurde ihnen die Würde der Nachfolge zuteil. Einige von ihnen wagen es, die Gesetze der Männer zu brechen, um die Rechte der Frauen zu verteidigen, wie Tamar und Rut. Sie treffen mutige Entscheidungen, werden aber auch von Gott verteidigt und angenommen. Neben ihnen gibt es Theologinnen, die die Heilige Schrift anders gelesen und eine andere Version überliefert haben. Die vermeintliche Minderwertigkeit der Frau, die sich aus der Interpretation bestimmter Bibelstellen ergibt, hat vor allem dazu gedient, die Diskriminierung und Unterordnung der Frau zu legitimieren, aber es ist nicht offensichtlich, dass dies die wahre und einzige Bedeutung ist.

Kraft und Würde sind ihr Kleid und sie lacht des kommenden Tages. 26 Sie tut ihren Mund auf mit Weisheit und auf ihrer Zunge ist guter Rat. Sprüche 31,25

Als Viktoria diesen Vers las, brach sie in Tränen aus. Welch wunderbare Worte, welch wunderbare Pläne! Wie schön ist es, hier zu sehen, wie Gott seinen Kindern, den Menschen, die ihm nahe sind, immer wieder gerne den Sinn der Dinge in seinen 'wunderbaren' Plänen erklärt. Je mehr sie in der Bibel las, desto weniger erschien ihr der erlittene Schiffbruch als Niederlage. In den letzten Wochen hatte sie aufgehört, sich selbst zu bemitleiden und im Gegensatz zu Annika dachte sie gar nicht mehr daran, was sie alles verloren hatte. Obwohl sie das Verhalten ihrer Freundin irritierte, versuchte sie, ihre seelische Integrität zu bewahren. Ein leichtes Lächeln umspielte ihre Lippen und sie sagte zu sich selbst: ›Wer nicht fällt, lebt im Sitzen. Wer nicht fällt, hat es nicht versucht. Ich bin ganz anders, als manche mich sehen und ich bin froh, dass ich gefallen bin, aber vor allem, dass ich wieder aufgestanden bin.

Für die Menschen ist es fast normal, sich für ihr Scheitern zu schämen und sie ignorieren die Tatsache, dass das Scheitern für jeden, der nicht so dumm ist es nicht zuzugeben oder anzuerkennen, ein wesentlicher Bestandteil des Lebens ist. Scheitern wird mehr als alles andere gefürchtet, weil es bedeutet, in den Augen der anderen versagt zu haben. Wer das Gefühl hat, versagt zu haben, fühlt sich von einer Last erdrückt, die er oft als ungerechte und unverdiente Verurteilung empfindet, aus der er wahrscheinlich nicht unbeschadet hervorgehen wird. Wenn Viktoria aber über ihre Erfahrungen nachdenkt, über die Armut, auf die sie auch im Nachhinein nicht stolz sein kann, über die Angst, diejenigen zu enttäuschen, die mehr als sie selbst große Erwartungen an sie haben, wie ihre Kinder, denen sie ein großes Vorbild sein will, dann wird ihr klar, dass sie die wichtigste aller Lektionen zu lernen hat. Die Lektion, die keine Universität der Welt zu ihren Fächern zählt und für die es keine einzige Prüfung zu bestehen gibt, sondern eine ständige, tägliche Prüfung, die sie für den Rest ihres Lebens begleiten wird. Es ist die Kraft des Willens auf einem schwierigen, komplizierten und unkontrollierbaren Weg, der sie Gott näher bringt.

Mit der Bibel in der Hand schläft Viktoria friedlich ein. Sie verstand noch nicht, was Gott mit ihr vorhatte, aber sie spürte seine Gegenwart in allem, was sie tat.
«Komm, steh auf, du Schlafmütze, es ist schon zehn Uhr», rief Annika hinter der Tür.
«Ach du Scheiße!», antwortete Viktoria noch verträumt.

«Ich dachte, wir machen heute einen Ausflug, schau mal, wie schön das Wetter ist«, sagte Annika, die jetzt ins Zimmer kam und schon dabei war, die Jalousien hochzuziehen.

«Ich habe völlig das Zeitgefühl verloren«, sagte Viktoria.

«Nach der Lage der Seiten zu urteilen, hast du letzte Nacht viel gelesen ...«, sagte Annika und zeigte auf die noch aufgeschlagene Bibel.

«Ja, das stimmt. Ich glaube, ich habe beim Lesen eine höhere Stufe der Weisheit erreicht.«

«Komm, lass uns frühstücken gehen, Fräulein Allwissend ...«, sagte Annika mit einem herzhaften Lachen.

Inzwischen achtete Viktoria nicht mehr darauf, dass Annika das Thema Gottesglaube und alles, was damit zusammenhing, zu vermeiden suchte. Was andere darüber dachten, interessierte sie überhaupt nicht, sondern nur, was sie fühlte. Annika verband Glück mit anderen Dingen oder Erfahrungen. Sie konnte dem, was Viktoria widerfahren war, nichts Positives abgewinnen, im Gegenteil, sie fand jede Gelegenheit, die Schwere des Erlebnisses hervorzuheben und Viktorias Reaktion darauf zu kritisieren.

«Was ist deiner Meinung nach das Geheimnis des Glücks?«, fragte Annika beim Frühstück.

Viktoria verschluckte sich fast, als sie diese tiefgründige Frage von ihrer Freundin Annika hörte.

«Nun, wenn ich auf meine Art antworten würde, wüsste ich jetzt schon, dass dieser schöne, sonnige Tag in einem Orkan enden würde...«, sagte Viktoria und zog die Augenbrauen hoch.

«Ich weiß, dass wir aus verschiedenen Gründen nicht einer Meinung sind, aber vor ein paar Tagen habe ich etwas in einer Zeitschrift gelesen, das mich sehr nachdenklich gemacht hat«, sagte Annika ernst.

«Hat das etwas mit dem Glauben an Gott und Jesus Christus zu tun?«

«Nun, ich glaube, dass die Welt uns in einer großen Täuschung leben lässt, die die Wurzel allen Unglücks, allen Versagens, aller Niederlagen, aller Traurigkeit oder Depression ist. Die Welt macht uns glauben, dass wir tun müssen, was wir wollen, um glücklich zu sein. Man sagt uns nicht nur, dass Gott nicht existiert, sondern auch, dass er, wenn er existiert, langweilig ist und will, dass wir uns darauf beschränken, seine Gesetze zu befolgen«, sagte Annika ruhig.

«Das von dir zu hören, ist ziemlich beeindruckend. Heißt das, du glaubst jetzt auch an Gott? Der Punkt ist, dass Gott existiert und dass seine Gesetze Wege der Liebe sind, die nicht dazu da sind, uns in einen Käfig zu sperren, sondern uns volle Freiheit und volle Freude geben. Wenn ein Fluss keine Ufer hätte, könnte er das Meer nicht erreichen, das heißt, er könnte seine Funktion als Fluss nicht erfüllen: Er würde nicht erfüllen, wozu er geschaffen wurde. So ist es auch mit den Menschen.

«Hast du inzwischen deine Bestimmung gefunden, also das, was dein Gott für dich vorgesehen hat?«, fragte Annika dann neugierig.

Annikas Neugier, die keine unmittelbaren Ergebnisse in Viktorias Leben sieht, zeigt uns, dass es für die Menschen um uns herum nicht immer einfach ist, die Gründe für unsere Entscheidungen und vor allem für den Weg, den wir eingeschlagen haben, zu verstehen. Die 'Selbstfindung' besteht darin, die eigenen Wünsche und authentischen Prinzipien in sich selbst zu erkennen, frei von den Einflüssen und Erwartungen der Gesellschaft, der Freunde und der Eltern, die uns manchmal, auch mit den besten Absichten, in die Irre führen oder, besser gesagt, von unserem eigenen Weg abbringen. Jeder Mensch hat seine eigenen Talente, Eigenheiten, Wünsche, Träume und Werte, die ihn einzigartig machen. Wenn der Mensch auf seine Einzigartigkeit achtet und bewusst nach dem sucht, was ihn von anderen unterscheidet, wird er in sich selbst erkennen, was er tun oder lassen muss, um glücklich zu sein. Mit anderen Worten, er oder sie wird sich zu bestimmten Entscheidungen und Verhaltensweisen gedrängt oder 'berufen' fühlen. Was die Berufung betrifft, so gibt es Menschen, die in sehr jungen Jahren eine Karriere beginnen und dreißig Jahre lang in ein und demselben Beruf bleiben. Andere experimentieren hier und da und finden erst im Erwachsenenalter ihre Berufung und erleben dann eine Kaskade von Erfolg und Wohlstand.

Aber was ist Berufung und was hat Gott damit zu tun?
Nun, die Berufung ist der Plan, den Gott für jeden von uns hat, um ihn zu verwirklichen. Nur in der Beziehung zu Gott können wir sie entdecken, denn sie hängt weitgehend von ihm ab, der sie uns offenbart, zunächst durch den Ruf, der seine Initiative ist und dann, indem er uns mit den Gaben ausstattet, um die spezifische Aufgabe zu erfüllen, die er uns anvertraut. Was uns bleibt, ist die Antwort, die ganz von unserer Freiheit und Großzügigkeit abhängt. Berufung zeigt sich oft in ZEICHEN, die es zu hören und zu deuten gilt.
Wir können Berufung als eine Kombination verschiedener Elemente sehen: Wir lieben den Gegenstand unserer Berufung und wir lieben es, uns damit zu beschäftigen. Insofern überschneidet sich Berufung

mit Leidenschaft. Was wir aus Berufung tun, machen wir sehr gut, sei es Malen, Reiten oder Sport treiben, wir haben ein angeborenes Talent für die betreffende Tätigkeit und nicht zuletzt interessiert das Ergebnis dessen, was wir tun, jemand anderen, der auch bereit ist, dafür zu bezahlen.

Wenn wir einige wichtige Seiten des Neuen und Alten Testaments lesen, stellen wir fest, dass am Anfang jeder echten Berufung der Herr steht, der auswählt und einlädt, ihm zu folgen. Er ist es, der ruft und das ist in der Tat die tiefste Bedeutung des Wortes "Berufung", das "Ruf" bedeutet. In den Evangelien sehen wir oft, wie Jesus diejenigen zu sich ruft, die er später zu seinen Jüngern machen wird. Die Initiative geht vom Meister aus und die Berufung ist ein Geschenk der Gnade, so wie unser Herr Jesus Christus uns zur guten und fruchtbaren Erde macht. So ist unser Erfolg der Wille Gottes. Jede Berufung ist persönlich und trägt in sich einen einzigartigen Schlüssel, wie ein Passwort, das nur derjenige kennt, der sie empfängt; sie entwickelt sich in einer bestimmten Zeit und in einem bestimmten Kontext und zeichnet eine persönliche Geschichte, die aus besonderen und bedeutsamen Momenten besteht. Die persönlichen Fähigkeiten, die Potentiale sind Gaben, die Gott dem Berufenen aus Liebe schenkt, um ihn zu befähigen, in rechter Weise zu lieben und so voll und ganz auf den empfangenen Ruf zu antworten. Diese Gaben können körperlicher, geistiger, sittlicher und geistlicher Art sein. Sie betreffen alle Bereiche des Menschen und müssen mit der Zeit wachsen und reifen. Unser Vater hat Jesus gesandt, um uns zu helfen, unsere Sehnsucht und die Liebe, die in unseren Herzen geschrieben steht, zu erfüllen. Der Heilige Geist belebt diese Sehnsucht, bewahrt sie und bringt sie zur vollen

Entfaltung. Der Sohn Jesus Christus, vom Vater gesandt, gibt jeder Erfahrung der Liebe eine geistliche Gestalt. Dann können wir sagen: Der Herr hat uns erwählt und der Herr führt uns. Das Evangelium sagt: "Ich habe euch von der Welt erwählt". Dieses Wissen muss ständig in uns wohnen und immer dann anklingen, wenn uns die Trennung von der Welt herausfordert. Der Herr hat uns erwählt, der Herr lenkt unsere Schritte und wir brauchen nur um Klarheit und Weisheit zu beten.

Beten, damit Gott uns seinen Willen offenbare, ist der erste Schritt, den wir tun müssen, wenn wir seinen Willen für uns nicht erkennen. Das Gebet erfordert eine kämpferische Haltung, es ist nichts für Weicheier, denn im Gebet sind wir klar auf Gott ausgerichtet, denn das Gebet ist Teil der Ordnung der Liebe, das Gebet ist Leidenschaft und ja, das Gebet ist schon in uns! Ja, das Gebet ist schon in uns! Es ist der Herr selbst, der uns offenbart, wo es verborgen ist: "Es ist nicht im Himmel, dass du sprichst: Wer wird für uns in den Himmel hinauffahren, um es für uns zu holen und es uns zu Gehör zu bringen, damit wir es tun? Es ist nicht jenseits des Meeres, dass du sprichst: Wer wird für uns über das Meer fahren, um es für uns zu holen und es uns zu Gehör zu bringen, damit wir es tun? Im Gegenteil, das Wort ist bei euch, es ist in eurem Mund und in eurem Herzen, damit ihr es in die Tat umsetzt" (Levitikus 11-14).

Doch was sind die Zeichen der Berufung und wie erkennen wir den Willen Gottes?

Der beste Weg, um zu vermeiden, Jahre oder Jahrzehnte des Lebens zu vergeuden und um effizient zu handeln, besteht darin, sich selbst zu erforschen und zu verstehen, was der richtige Weg für uns ist. Die eigene Berufung zu finden bedeutet in der Tat, eine Reihe präziser Schritte zu unternehmen, um zu lernen, inmitten des Lärms der ständigen äußeren Zwänge, die unsere Gesellschaft kennzeichnen, eine innere Stimme zu hören. Es ist nur natürlich, dass wir versuchen, die Zeichen zu verstehen, die uns einen Weg weisen können, den Lebensweg, den Gott für jeden von uns vorgezeichnet hat. Die Zeichen der Berufung sind vielfältig und können sich auf unterschiedliche Weise zeigen. Intuition und geistliche Sensibilität sind ein gutes Beispiel. Man spürt ein wachsendes Bewusstsein, bei Gott sein zu wollen, seine Gegenwart zu suchen und über sein Wort nachzudenken. Es ist auch belastend, die Not der Leidenden zu sehen, ohne in irgendeiner Weise helfen zu können. Es gibt also mehr als den persönlichen Ehrgeiz und den Wunsch, Seelen zu retten, anderen Barmherzigkeit zu erweisen und das Leben für das einzusetzen, wozu man berufen ist. Dann ist da neben dem Willen zum Erfolg auch die Leidenschaft, anderen zu helfen und die Bedürfnisse und Nöte der Schwächsten und Leidenden stehen im Mittelpunkt deiner Gedanken. In deinem täglichen Leben bist du großzügig gegenüber deiner Mitmenschen. Du fühlst dich bereit und empfänglich für andere, du merkst, dass die Liebe, die dich mit Gott verbindet, dich irgendwie offener für andere macht und du weißt, dass du, wenn du erfolgreich bist und sogar viel Geld verdienst, auch Gutes für andere tun wirst.

Für Viktoria war es, nachdem sie den Sturm überstanden hatte, das Wichtigste, um ihre Berufung zu verstehen, herauszufinden, wo sie anfangen sollte. Sie analysierte ihr Leben, um zu verstehen, welche Aspekte besser und welche schlechter waren. Wie sieht es finanziell aus? Wie laufen die zwischenmenschlichen Beziehungen? Wie steht es um ihre körperliche und geistige Gesundheit? Wie schön war ihr Tag? Wie viel Zeit verbrachte sie mit Tätigkeiten, die nicht produktiv waren, aber den Kopf frei machten und entspannten? Dies sind einfache, aber notwendige Fragen.

Da der geistliche Mensch auch derjenige ist, dem es gelingt, das anzuziehen und zu erhalten, was er sich wünscht, ist ein Leben in Harmonie und in der Liebe zu Jesus der Schlüssel zum Erfolg im Beruf, in sozialen Beziehungen und in der Liebe. Jesus selbst hat uns diese umwälzende Offenbarung gegeben: "Wer mich liebt, der wird an meinem Wort festhalten und mein Vater wird ihn lieben und wir werden zu ihm kommen und bei ihm wohnen" (Joh 14,23). Die Entdeckung der eigenen Berufung und des Willens Gottes für uns erfordert vor allem die Fähigkeit, sich tief auf die eigene innere Dimension einzustimmen, die Botschaften zu erfassen, die er uns ständig sendet und die Rolle zu erkennen, die Jesus im Plan Gottes für uns spielt, denn, wie Jesus zu Thomas in Johannes 14,6 sagt: "Ich bin der Weg, die Wahrheit und das Leben; niemand kommt zum Vater denn durch mich.

Lade Jesus in dein Herz ein, damit er dein persönlicher Herr und Retter wird. Nimm Jesus Christus als deinen Herrn und Retter an und folge dem Plan, den Gott für dein Leben hat und der in der Bibel steht. Mache Jesus zu deinem persönlichen Helfer, denn wenn du deine Berufung gefunden hast, heißt das nicht, dass es von nun an nur noch bergauf geht. Das Leben wird dich immer wieder vor Herausforderungen stellen, denen du dich stellen musst, aber wenn du dies in dem Wissen tust, dass dein Dasein auf Erden einem bestimmten Ziel dient, gibt dir das eine unvergleichliche Kraft und ein Gefühl der Ganzheit. Wenn du noch nicht zu einem Ergebnis gekommen bist, wenn du noch nicht verstanden hast, was Berufung ist, dann wisse, dass du nicht weit gehen musst, denn in deinem inneren Garten liegt er vergraben, der goldene Samen. Es ist deine

Berufung, die Aufgabe, zu der du dich berufen fühlst, die Lebensaufgabe, für die du geboren wurdest. Er ist golden, weil er von unschätzbarem Wert ist und ihn zu erkennen und zu nähren bedeutet, das eigene Dasein zu verwandeln, denn, du wirst das, was du zu sein glaubst und die Berufung ist bereits in dir!

«Hast du also Gottes Willen für dich entdeckt, ja oder nein?«, hakte Annika nach, als sie von Viktoria keine Antwort bekam.

«Warum interessiert dich das? Du glaubst doch nicht an Gott...«

Kapitel 7   Folgen der Annahme Gottes

«Ich und der Vater sind eins», flüsterte Jesus Viktoria im Traum zu.

Aufgeregt und zu Tränen gerührt wachte sie an einem Sonntagmorgen auf und saß noch lange auf ihrem Bett. Sie hatte zum ersten Mal in ihrem Leben von Jesus geträumt. In einer so heiklen Phase ihres Lebens von Jesus zu träumen, war für sie ein Moment großen Trostes und Schutzes, wie ein Zeichen göttlicher Gegenwart in ihrem Leben. Doch während sie noch ein wenig verträumt auf ihrem Bett saß, holte sie das penetrante Klingeln ihres Handys in die Realität zurück.

«Mama, ich muss dir etwas Seltsames erzählen, was Luka und mir heute Morgen passiert ist», sagte Marko am anderen Ende der Leitung.

«Was ist passiert, warum bist du so aufgeregt und wo ist dein Bruder?», fragte sie erschrocken.

«Wir gehen in die Kirche», antwortete Marko.

«Was, ihr geht in die Kirche? Was habt ihr gemacht, dass ihr um diese Zeit in die Kirche gehen müsst?», fragte sie verwirrt.

«Nichts. Wir sind heute Morgen ganz früh aufgestanden und hatten beide das Bedürfnis. Und was machst du?»

«Oh, das klingt alles sehr aufregend. Ich sitze auf dem Bett und bin nach einem Gespräch mit Jesus aufgewacht.»

«Ein Gespräch mit Jesus? Hast du gestern vielleicht Alkohol getrunken?»

«Mhmm, nein, habe ich nicht. Außerdem bin ich gestern aus dem Schürzenjägerclub ausgetreten...«

«Wirklich? Erzähl mir nicht, dass der Schürzenjäger es gewagt hat, seine Fühler auszustrecken...«

«Na ja, er war etwas frech und ich bin einfach gegangen, ohne einen Kommentar abzugeben. Zu Hause googelte ich kurz nach Restaurants und siehe da, ich bekam einen Job in einem deutschen Restaurant, das von Mutter und Tochter geführt wurde. Sehr nette Leute. Die Besitzerin ist todkrank.

«Willst du bis zur Rente von Restaurant zu Restaurant ziehen?«, fragte Marko besorgt.

«Nein, ich habe andere Pläne ...«

«Ach so, dann bin ich ja beruhigt. Aber erzähl mir von deinem Traum mit Jesus...«

«Erzähl mir zuerst von deinem Bedürfnis, in die Kirche zu gehen...«

Wie kam es, dass Viktoria und ihre Kinder, alle drei gleichzeitig, eine Art geistliche Berufung spürten?

Die geistliche Veränderung, die stattgefunden hatte, schien sich auf ihre Familie auszudehnen, aber nicht auf ihre berufliche Veränderung, für die Viktoria keine Eile verspürte. Hatte Viktoria ihren Erfolgswillen verloren? War sie nicht mehr an Erfolg und Wohlstand interessiert? Als Viktoria es am wenigsten erwartete, begann sie durch die Gegenwart Jesu Christi, die auch ihre ganze Familie zu umfassen schien, wieder in der Umarmung Gottes zu schmelzen. Ihre Prioritäten hatten sich verändert, seit sie die Krankheit und den Verlust ihres Besitzes erlebt hatte. Was sie erlebt hatte, machte ihr klar, dass Erfolg eine gute Beziehung zu Gott, eine Verbindung zu sich selbst, Gesundheit und eine intakte Familie voraussetzt. Der Gedanke an Erfolg allein, als reiner Erfolg zur Befriedigung des Egos, schien aus ihrem Kopf verschwunden zu sein. All die Jahre hatte sie gezeigt, wozu sie fähig war, wenn sie nur wollte, aber ihr Erfolg hatte sich auf ungesunde Weise entwickelt. Sie erkannte nicht nur, dass eine Veränderung notwendig war, sondern sie fühlte auch, dass diese Veränderung eine Notwendigkeit für sie war.

Oft fällt es uns schwer, etwas Einfaches zu verstehen: Unser Leben ist voller Veränderungen. Vielleicht war es früher einfacher, durch intensives tägliches Gebet einen tiefen Dialog mit Gott zu führen. Vielleicht brauchen wir jetzt eine andere Art zu beten, weil sich etwas in uns verändert hat. Wenn wir Veränderungen akzeptieren, verstehen wir uns selbst und die Welt um uns herum besser. Und was ist diese Veränderung?

Es kann vieles bedeuten: dass wir die Hoffnung auf ein bestimmtes Projekt verloren haben, dass wir aus irgendeinem Grund in eine Routine verfallen sind (das muss nicht heißen, dass unser ganzes Leben eine Routine ist, es kann auch nur einer von vielen Aspekten unseres täglichen Lebens sein), dass die Menschen um uns herum uns schließlich mit ihren Gedanken angesteckt haben, dass sich Erfahrungen und Einstellungen - aus verschiedenen Gründen - in etwas anderes verwandelt haben (manche sehen die Welt jetzt anders, andere stehen uns nicht mehr so nahe wie früher), dass wir zum Beispiel einfach reifer geworden sind. Die Möglichkeiten sind endlos! Gott ist immer noch da und bereit, uns zuzuhören.

Für Viktoria war diese dunkle Zeit ihres Lebens keine negative, sondern eine positive Zeit, denn gerade dann, wenn man traurig ist, kann man erkennen, dass es einen Gott gibt und dass man sich nach einer Beziehung zu ihm sehnt. Manchmal ist es notwendig, Gott ein wenig mehr zu spüren, wenn man sich lange daran gewöhnt hat, ihn zu verstehen. In der Einsamkeit lernte Viktoria, auf die Stille zu hören, sich selbst zu erkennen und ihr Herz Jesus zu öffnen. Wie so viele, die ähnliche Erfahrungen gemacht haben berichten, ist die Wüste, die dunkelste Zeit des Lebens, der Ort der Begegnung mit Gott schlechthin. Es gibt Dinge, von denen wir wissen: dass die Gnade Gottes sich nicht erschöpft, dass Gott uns so erwählt, wie wir sind. Er erwählt uns, auch wenn unsere Schritte klein, wankelmütig und zerbrechlich sind. In diesen kleinen Schritten wartet er darauf, dass sein Reich Wirklichkeit wird. Er will, dass das Leben, die Hoffnung, die Freude und das Licht siegen. Wir sind von ihm erwählt, Zeugen seines Lichtes, seiner Freiheit, seiner Gegenwart zu sein, um zu begreifen, dass das Licht, das wir suchen, wir selbst sind. Von Gott erwählt zu sein ist immer ein Ausdruck der Liebe. Man weiß sich gerufen, auserwählt, gewollt und alles um einen herum verändert sich. Das Leben hat einen Sinn. Es kann eine Zeit sein, in der wir weniger verstehen und mehr im Herzen berührt werden. Aber wenn wir entdecken, was sich verändert hat, dann ist das der Beginn einer neuen Etappe in unserer Beziehung zu Gott.

Wenn Gott will, dass wir etwas wagen, dann lassen wir uns von seiner Gegenwart ermutigen. Habe ich dir nicht geboten- Sei getrost und unverzagt, fürchte dich nicht und erschrecke nicht, denn der Herr, dein Gott, ist mit dir, wohin du auch gehst' (Josua 1,9). Alle eure Sorgen werft auf ihn; denn er sorgt für euch" (1. Petrus 5,7). Vertraue auf den Herrn von ganzem Herzen und verlasse dich nicht auf deinen Verstand. Gedenke an ihn in allen deinen Wegen, so wird er deine Pfade recht machen' (Sprüche 3,5-6).

«Aber wie kommt es, dass du schon wieder den Job wechselst? Du hast gerade mal fünf Wochen bei dem Italiener gearbeitet und dann wechselst du schon wieder? Wo du weniger Geld bekommst! Aber wie ist dieser ganze Rückschritt möglich? Was ist los mit dir, Viktoria, wir machen uns wirklich Sorgen um dich!«, schreit Annika am anderen Ende der Leitung.

«Was ist denn mit dir los? Mir geht es gut, ich verhungere nicht, mir fehlt nichts. Ist dir schon mal in den Sinn gekommen, dass ich mir das Leben ein bisschen unbequem mache, dass ich meine Komfortzone verlasse, um Dinge neu zu lernen, die ich schon vergessen hatte und ja, um die Kriegerin in mir zu wecken?«, fragte Viktoria ruhig.

«Siehst du nicht, dass du dich zurückentwickelst? Du wurdest geschaffen, um eine erfolgreiche Frau zu sein und jetzt vergeudest du deine Zeit und dein Talent in einem Restaurant für einen Hungerslohn und das Verrückte ist, dass du dabei glücklich bist. Du sagst, du folgst einer bestimmten Richtung, die dir dein Herz oder Jesus gegeben hat und du fällst immer tiefer. Findest du nicht, dass es an der Zeit ist, professionelle Hilfe in Anspruch zu nehmen, ich meine, zu einem Psychologen zu gehen?«, sagte Annika fast verächtlich.

«Anstatt zum Psychologen zu gehen, denke ich, dass es an der Zeit ist, diese Freundschaft zu beenden, weil du offensichtlich nicht verstehst, was ich zu tun versuche!«

«Viktoria!!!! Verdammt!« Das waren die letzten Worte, die sie hörte, als sie das Gespräch mit Annika beendete.

Während des Gesprächs wollte Viktoria die Gelegenheit nutzen, Annika zu erzählen, dass sie in der Schweiz war, um eine neue Immobilienfirma zu gründen, aber ihre Freundin Annika sah nur das Negative in Viktorias Leben, während sie sich noch nie so ausgeglichen gefühlt hatte wie in dieser Zeit. Während ihrer Krankheit hatte sie immer auf Annikas Unterstützung zählen können, aber nicht jetzt, in einer Zeit der Veränderung, besonders nachdem sie beschlossen hatte, ihr Leben zu ändern. Annika verstand nicht, dass Viktoria den Erfolg nicht aufgegeben hatte, sondern einen gesunden und dauerhaften, einen von Gott gesegneten Erfolg anstrebte. Denn wen der Herr segnet, den wird er besitzen; wen er aber verflucht, den wird er verderben. Psalm 37,22.

Gott will uns segnen!

Es ist wichtig, dass wir verstehen, dass Gott will, dass wir gesegnet sind! Das müssen wir in unseren Köpfen und Herzen verankern, denn Gott will, dass wir jeden Tag unseres Lebens auf dieser Erde gesegnet sind. Es gibt so viele Verheißungen in Gottes Wort, die uns segnen sollen. Das sagt kein Mensch, das sagt die Bibel, das sagt Gott. Solange die Erde steht, soll gesät und geerntet werden und es soll nicht aufhören (1. Mose 8,22), es soll Überfluss geben für alle und das gilt für jeden, für jeden, der glaubt! Der Samen hat eine natürliche Kraft, er hat die Kraft, sich zu vermehren. Wenn man einen Samen sät, bringt er nicht nur eine Frucht, sondern viele! Das gilt für alles, was wir in unserem Leben säen, also säen wir gut. Wenn wir nach Gottes Grundsätzen leben, werden wir immer siegreich sein. Auch in stürmischen Zeiten bleiben wir stabil, weil wir Gottes Frieden empfangen, weil wir immer auf ihn vertrauen. Gott möchte stabile Menschen in seinem Reich haben und nicht Menschen, die sich emotional bewegen: Was machst du, wenn es mal nicht so gut läuft? Verzweifelst du oder vertraust du weiter auf Gott? Wenn du sehen willst, was in einer Orange steckt, dann presse sie aus. Denke an Paulus und Silas - als das Unglück kam, waren sie im Gefängnis, aber sie haben Gott gepriesen; denke an Stephanus - als er gesteinigt wurde, sah er den Himmel offen und den Thron Gottes; sie waren wirklich Männer Gottes. Erkenne Menschen des Glaubens in Zeiten der Krise, denn gerade in Zeiten der Krise zeigt sich, wer du bist.

Bitte Gott um Hilfe! Es wird eine Zeit kommen, in der Gott alle Tränen abwischen wird; er hat deine Tränen gesehen, aber zuvor hat er deinen Glauben gesehen - und Gott antwortet auf den Glauben. Daran hatte Viktoria keinen Zweifel und deshalb stand sie fest zu ihren Entscheidungen, auch wenn ihre beste Freundin Annika und die Menschen um sie herum sie für eine Versagerin hielten. Gott will, dass du in allem gesegnet bist, auch finanziell. In deinem Haus soll es dir an nichts fehlen, ja, du sollst so gesegnet sein, dass du auch andere damit beschenken kannst. Gott segnet unseren ganzen Weg, wenn wir uns entscheiden, ihn in unser Leben aufzunehmen, er segnet nicht nur unsere Ausdauer, sondern auch unsere Schwachheit. Als David den Thron Israels bestieg, sagte er: "Ich bin heute noch schwach, obwohl ich schon zum König gesalbt bin" (2 Samuel 3,39). In dem Augenblick, in dem wir unseren Glauben auf Jesus setzen, salbt Gott uns mit dem Heiligen Geist. Wie schwach oder unzulänglich wir uns auch fühlen mögen, Gott kann uns wie David auf außergewöhnliche Weise gebrauchen. Auch unsere Schwachheit wird gesegnet. Auch unsere Schwachheit ist gesalbt.

«Weißt du, Viktoria, ich weiß nicht, wie lange ich noch zu leben habe, aber meine Tochter und ich sind sehr froh, dich in unserem Frauenteam zu haben. Unsere Kunden sind begeistert von deiner Freundlichkeit und deiner Arbeit. Gott segne dich«, sagte der neue Arbeitgeber am Ende des Abends zu Viktoria.
«Gott segne auch sie und ihre Familie, möge er ihnen noch viele friedvolle Tage schenken«, antwortete Viktoria mit großer Dankbarkeit im Herzen. Sie fühlte sich gut und hatte das Gefühl, dass ihre Entscheidung, das Land zu wechseln, richtig war.
Es war erstaunlich, wie sich ihr Motto in den letzten Monaten von

"Arbeite hart und du wirst Erfolg haben" zu "Arbeite hart an dir selbst und mit Gottes Hilfe wirst du Erfolg haben" gewandelt hatte.

Was war Viktorias wertvollste Arbeit? Die Arbeit an sich selbst!

Wenn du wachsen und dein Leben verbessern willst, musst du bereit sein, Veränderungen zuzulassen, lehrt uns die Bibel. Das Lukasevangelium verkündet die Botschaft eines barmherzigen Gottes und ermutigt uns Menschen, von Gott zu lernen und seine Freiheit und Größe zu wagen. So oft hegen wir den Traum, die Illusion eines Lebens ohne Sorgen, ohne Grenzen, ohne Verbote, ohne die Last des anderen tragen zu müssen.

Leben ist Veränderung, Veränderung ist Leben.

Leben ist Aufbruch, Veränderung. Leben ist Veränderung. Veränderung ist Leben. Stillstand ist Tod. "Was die Raupe Weltuntergang nennt, nennt der Rest der Welt Schmetterling. Was der Fötus Tod nennt, nennt der Rest der Welt Geburt. Was ihr Ende nennt, ist wahre Wiedergeburt.

Das Evangelium lädt uns ein, uns ständig zu verändern: Nichts kann uns aufhalten. Wer sich nicht ändert, stirbt. Heute trage ich nicht mehr das Hemd von gestern (hoffentlich!); heute habe ich nicht mehr die Haare wie vor fünf Jahren; heute habe ich nicht mehr die Freunde wie vor zehn Jahren; heute sind die Menschen, mit denen ich lebe, nicht mehr dieselben wie vor zwanzig Jahren usw. Alles ist Veränderung. In einundzwanzig Tagen verändern sich unsere Hautzellen, in drei Monaten verändern sich alle Zellen unseres Körpers. Alle drei Monate sind wir anders, verändern wir uns. Aber wie viele von uns haben Angst vor Veränderung: "Oh nein!

Denken wir an die Beziehung eines Paares: Wie viele Veränderungen gibt es! Aber können wir sie bewältigen? Haben wir den Willen dazu? Nehmen wir die Herausforderung der Veränderung an? Oder werden wir jedes Mal sagen: "Nein!

Wir müssen von Liebhabern zu Begleitern werden: Können wir akzeptieren, dass aus den "Schmetterlingen im Bauch" Liebe wird, leidenschaftlich, aber auch erwachsen und reif? Oder will ich der Mittelpunkt des anderen sein?

Aus Partnern werden Eltern: Können wir akzeptieren, dass wir nicht mehr die einzigen Empfänger der Liebe unseres Partners sind, sondern dass diese Liebe mit unseren Kindern geteilt wird? Oder werden wir zu Konkurrenten? Oder werden wir uns nur um die Kinder kümmern und uns selbst und unseren Partner vergessen? Oder werden wir einsam?

Als Erwachsene werden wir erleben, wie unsere Kinder aufwachsen, uns verlassen und älter werden: Werden wir in der Lage sein, uns zu verändern und vom Tun zum Sein, von der äußeren zur inneren Gestaltung zu gelangen? Oder werden wir uns im Tun verlieren und keinen Sinn in unserem Leben finden?

Es ist normal, dass wir Angst haben, wenn wir mit Veränderungen konfrontiert werden, vor allem mit großen Veränderungen. Wer zwingt uns dazu? Aber Leben bedeutet Veränderung, Entwicklung, Werden. Nicht einmal die Toten bleiben gleich!!! Geschweige denn die Lebenden!

Das waren die Erkenntnisse, die Viktoria in dem Moment gewann, als sie Gott in ihr Leben ließ, Dinge, die Annika als Atheistin nicht verstehen konnte, all das, was ihre Freundschaft zerbrechen ließ.

«Einer unserer Kunden hat uns diesen Zettel für dich hinterlassen, er will sein Haus verkaufen. Wir haben ihm gesagt, dass du eine ausgezeichnete Maklerin bist. Er findet dich auch sehr hübsch ...«, sagte der Arbeitgeber zu Viktoria.

«Sie haben mir Kunden im Immobilienbereich vermittelt?«, fragte Viktoria überrascht.

«Wissen Sie, man sieht, dass Sie mehr können als nur Essen servieren und Getränke zubereiten. Ich bin alt und habe nicht mehr lange zu leben, ich kenne alle möglichen Leute und weiß, wer talentiert ist und wer nicht. Ich weiß nicht, was Ihnen im Leben passiert ist und ich möchte mich nicht in Ihr Privatleben einmischen, aber ich bin sicher, dass Sie eine sehr talentierte Frau sind. Sie strahlen Erfolg aus. Seit Sie hier sind, ist unser Restaurant aufgeblüht, Sie haben sich um die kleinsten Details gekümmert, Blumen und Kerzen auf die Tische gestellt. Sie hätten es weglassen können, aber Sie nehmen sich Zeit für die kleinen Dinge.

«Ich versuche nicht, vor dem Erfolg wegzulaufen, aber ich brauche andere Erfahrungen. Ich liebe die Immobilienbranche, aber ich brauchte eine Pause. Es wird mir sicher guttun, mich wieder mit den Immobilien Ihres Kunden vertraut zu machen und um ehrlich zu sein, bin ich froh, dass ich mich damit beschäftigen darf. Vielen Dank für die Empfehlung.

Ohne dass Viktoria nach Arbeit gesucht hätte, suchte die Arbeit plötzlich nach ihr. Eine völlig neue Situation, mit der sie nicht gerechnet hatte. Auch die Menschen um sie herum begannen, sie anders zu sehen. Wie war das möglich? Es schien fast so, als ob auch die anderen das Licht wahrnahmen, das von ihr ausging. Indem sie Jesus als Herrn und Erlöser in ihr Leben einlud, erfuhr Viktoria immer mehr wahren Frieden und Freiheit. Sie fühlte sich wach und strahlend, erfüllt vom Heiligen Geist und mit der Kraft, ein neues Leben zu führen, wie es in Johannes 1,12 geschrieben steht. Jesus ist der Einzige, der mich frei machen kann. Es steht geschrieben: "Wenn euch nun der Sohn frei macht, so seid ihr wirklich frei" (Joh 8,36).

Wenn wir ihm unser Leben anvertrauen und ihn unseren Herrn werden lassen, dann wird vieles geschehen, dann wird das Unmögliche möglich werden.

Dankbar und bewegt zugleich kämpfte Viktoria mit den Tränen, schloss sich für einen Moment in der Toilette ein und betete im Stillen: ›Ich vertraue mich Dir an, mit ganzem Herzen und ganzer Seele, Herr Jesus Christus. Ich öffne Dir die tiefsten und verborgensten Orte meines Herzens.

Jesus, Du bist der Herr meines ganzen Lebens, ich glaube an Dich und nehme Dich als Herrn und Erlöser an.

Wenn alles schläft, wirkt Gott; wenn alles dunkel ist, leuchtet Gott; wenn alles unmöglich scheint, wirkt Gott in der Stille: Das ist das Geheimnis, das immer wieder fasziniert und das Gewissen erschüttert, das Fragen aufwirft auf der Suche nach glaubwürdigen Begründungen, das naiven Glauben und überhebliche Rationalität herausfordert.

"Ein Licht scheint in der Nacht und das Volk, das im Finstern wandelt, sieht es" (vgl. Jes 9,1). Ein erstaunliches Paradox: Wenn man im Dunkeln geht, kann man das Licht sehen. Wir alle wissen: Nachts zu gehen ist unheimlich, nachts wach zu bleiben ist anstrengend. Der Müdigkeit zu widerstehen ist schwer, schlafen ist leichter. Aber schlafen heißt aufgeben! Versöhne dich mit Gott, er wird dich zum Licht führen. Schäme dich nicht und sei nicht zu stolz zu beten! Lass dich von Gott inspirieren, denn wenn Gott uns inspiriert, müssen wir die Initiative ergreifen, wir müssen aktiv werden und dürfen nicht passiv und unbeweglich bleiben. Um die Gnade Gottes zu verstehen, die uns durch Jesus Christus, unseren Herrn, geschenkt wird, müssen wir im Glauben bitten. Bitte! Bitte Gott, dass er dir hilft, wieder auf die Beine zu kommen, bitte Gott um Gesundheit, bitte Gott, dass er deine wunderbare Familie segnet und dir Wohlstand schenkt. Bitte um Erfolg! Mache dich auf und werde licht, siehe, dein Licht, die Herrlichkeit des Herrn ist über dir. Wende deinen Blick und schau, lass dein Herz vor Freude schlagen!

Strahlend steht Viktoria in eleganter weißer Bluse, Bleistiftrock und Pumps vor dem Haus ihres ersten Immobilienkunden. Ihre schwarze Ledertasche mit Stift und Notizen roch noch wie neu. Mit halb geschlossenen Augen hielt sie sich die Ledertasche mehrmals an die Nase: ›Gott, wie habe ich das vermisst‹, dachte sie bei sich.

«Frau Moravec, richtig? Ich hoffe, ich habe Ihren Namen richtig ausgesprochen», sagte der attraktive Mann mit südländischen Gesichtszügen.

Lächelnd nickte sie mit dem Kopf, ohne ein Wort sagen zu können und dachte: ›Ach du Scheiße, was für eine männliche Schönheit...‹.

«Mein Name ist Wolf, Robert Wolf. Möchten Sie einen Blick hineinwerfen?», fragte er.

«Natürlich, ja. Es ist ein schönes Haus und noch recht neu, das sieht man schon von außen. Ich möchte nicht zu aufdringlich sein, aber warum verkaufen sie es?», wagte sie zu fragen.

«Scheidung...», antwortete er.

«Das tut mir leid», sagte sie mitfühlend.

«Sie müssen nicht traurig sein, nicht alles Schlechte kommt von allein. Außerdem hätte ich sie nie kennen gelernt, wenn ich das Haus nicht zum Verkauf angeboten hätte.»

Etwas rot im Gesicht über das Kompliment, das sie gerade erhalten hatte, fragte sie ihn: «Sind Sie nicht traurig über den Verkauf?»

«Es ist doch nur ein Haus. Alles kann wieder aufgebaut werden, wenn man daran glaubt...«, antwortete er.

«Gute Einstellung«, antwortete sie.

Nach einer langen Zeit der Einsamkeit fühlte sich Viktoria ein wenig nervös in der Nähe eines gutaussehenden Mannes.

«Sagen Sie, leben Sie mit Ihrer Familie in dieser Gegend?«, fragte er bestimmt.

«Für wie viel wollen Sie das Haus verkaufen?«, wollte sie das Thema wechseln.

«Sie tragen keinen Ehering...«, fügte er hinzu.

«Wie viele Quadratmeter hat das Haus?«

«Darf ich sie zum Essen einladen?«, fragte er frech.

«Ich kenne sie erst seit ein paar Minuten und kann mir schon den Grund für ihre Scheidung denken...«

«Was wollen Sie damit sagen?«, fragte er amüsiert.

«Dass ich ihre Daten unter 'sehr anspruchsvoller Kunde' speichern muss«, antwortete sie und versuchte zu gehen.

«Fangen wir also mit dem Haus an, auch wenn Sie nicht mit mir essen gehen wollen ...«

«Toll, ich dachte schon, ich wäre umsonst gekommen...«

Das ist großartig ... Je treuer ich seinem Willen folge, desto mehr noch, gibt mir der Herr neue Möglichkeiten zu wachsen›, dachte sie, während sie sich in einer der aufregendsten Situationen befand, seitdem sie allein war.

Ein etwas turbulenter Start, um sich neu zu beweisen, aber vielleicht war es genau das, was der Herr für sie vorgesehen hatte. Schließlich war ihr dieser Kunde praktisch vom Himmel gefallen. War es Gottes Wille, sie in unangenehme Situationen zu bringen?

In 1. Korinther 10,13 heißt es: "Keine andere Versuchung hat euch bis jetzt ergriffen als die der Menschen; aber Gott ist treu und wird euch nicht über eure Kraft versuchen, sondern wird euch mit der Versuchung auch einen Ausweg geben, damit ihr sie ertragen könnt. Dieser Vers lehrt uns einen wunderbaren Grundsatz. Wenn wir zu ihm gehören, wird Gott es nicht zulassen, dass irgendeine Schwierigkeit, die in unserem Leben auftaucht, zu groß ist, um sie zu ertragen. In jeder Versuchung, in jeder Prüfung, die auf uns zukommt, wird Gott treu bleiben und uns auch einen Weg zeigen, wie wir die Prüfung überwinden können.

Wer hat jemals etwas aus Bequemlichkeit gelernt? Aus Bequemlichkeit lernt man nichts, aus bequemen und einfachen Situationen lernt man nichts, also nimm die Prüfungen des Lebens an, lächle über den Schmerz und nimm ihn an. Schwierige Momente und Schmerzen sind die Vorstufe zum Erfolg. Der Schmerz fragt dich: Willst du deine Ziele erreichen oder bist du nur ein Schwätzer? Und egal wohin du willst, der Schmerz ist derjenige, der dir den Weg nach oben ebnet. Nur im Schmerz erkennen wir, dass es Zeit ist, etwas in unserem Leben zu ändern und vor allem erkennen wir Jesus. Er überlässt uns nicht dem Leiden, er leidet mit uns, er geht mit uns im Leiden. Nur durch Schmerz und Leid können wir ihn wirklich erkennen und seine Gegenwart wahrnehmen. Wenn wir uns Jesus ganz anvertrauen, kann das Leiden zu einer Gelegenheit werden, ein Stück Himmel auf Erden zu erfahren, denn im Leiden zeigt sich unsere wahre christliche Berufung. Wie ist es möglich, Freude im Herzen zu haben, wenn der Schmerz es durchdringt? Weil die Freude im Schmerz verborgen ist.

«Wann soll ich die Kunden zur Besichtigung bringen?«, fragte Viktoria, nachdem sie alle notwendigen Informationen für das Marketing notiert hatte.
«Jetzt sofort?«, fragte er.
«Zuerst müssen Sie den Maklervertrag unterschreiben, erst dann kann ich mit der Vermarktung beginnen...«
«Mein Kugelschreiber liegt schon bereit«, antwortete er augenzwinkernd.
«Geben Sie mir noch ein paar Tage, dann schicke ich Ihnen den Vertrag.«

Als sie das Haus verließ, spürte sie eine Wärme auf ihrem Gesicht, eine Art Überwältigung und Freude zugleich. Sie hatte das Gefühl, einen guten Eindruck auf den Verkäufer gemacht zu haben.

Es gibt keine zweite Chance für einen guten ersten Eindruck", erinnerte sie sich an die berühmten Worte von Oscar Wilde.

Viel Wasser war den Fluss hinuntergeflossen, seit die Anwesenheit eines Mannes sie zuletzt verunsichert hatte. Rasch blickte sie zum Haus und sah, dass er sie vom Fenster aus beobachtete.

Mein Gott, bitte gib mir die Weisheit zu verstehen, ob dies ein Versuch oder eine neue Möglichkeit ist", betete sie still auf dem Weg nach Hause, bis das Klingeln ihres Handys sie unterbrach.

«Sind sie verheiratet? Wenn sie schon nicht mit mir essen gehen, dann sagen sie mir wenigstens, ob sie verheiratet sind«, fragte die männliche Stimme.
«Sie scheinen eine echte Nervensäge zu sein«, antwortete sie und legte auf.

Kapitel 8   Ein tiefgreifender Wandel

«**W**as? Du hast eine Immobilienfirma in der Schweiz gegründet?«, fragte Luka.

«Ja, genau. Ich bin heute Morgen in die Schweiz gefahren und habe eine Firma gegründet. Ich plane, in den nächsten Monaten in die Schweiz umzuziehen und habe schon einiges in die Wege geleitet«, antwortete Viktoria.

«Das klingt völlig verrückt. Aber wenn ich ganz ehrlich sein darf, finde ich das eigentlich super. Weißt du, Mama, unsere Ausbildung ist durch die anhaltende Wirtschaftskrise hier in Deutschland in Gefahr. Unser Chef hat uns heute erzählt, dass seit dem Krieg in der Ukraine und der Corona-Pandemie alles sehr schwierig ist. Er befürchtet auch, dass der Krieg auf ganz Europa übergreifen könnte. Es wird sogar über die Wiedereinführung der Wehrpflicht gesprochen. Das macht uns Angst, denn wir sind beide in einem Alter, in dem man uns an die Front schicken könnte.

«Konzentriere dich auf Jesus, nicht auf den Sturm, steht in Mattheus 14-22,33, Ich weiß nicht mehr, wie oft ich diesen Vers in dunklen Zeiten wiederholt habe. Lasst euch nicht von schlechten Gedanken überwältigen, Jesu wirkt in unserer Familie. Wie lange könnt ihr noch in der Ausbildung bleiben?«

«Jetzt würde deine Freundin Annika sagen: Ach ja, Jesus handelt in eurer Familie, indem er nicht verhindert dass deine beiden Kinder ihre Ausbildungsplätze verlieren?... Nun hat unser Chef Konkurs angemeldet. Aber erzähle mal, ich dachte du wolltest nicht mehr selbstständig sein und jetzt gründest du sogar eine Firma in der Schweiz. Wie kommt das?«, fragte Luka überrascht.

«Nun, du weißt, dass unser Herr Jesus Christus nie etwas tun würde, was dir schaden könnte, also wird der Verlust der Ausbildung sicherlich eine andere Bedeutung haben. Wegen der Schweiz, ich glaube, Gott hat mir diesen Traum einfach ins Herz gelegt wo ich fast keinen Mut mehr zur Selbstständigkeit hatte, als hätte er mich für etwas Größeres auserwählt. Anscheinend bin ich mit dem richtigen Rüstzeug ausgestattet, sonst hätte er mich nicht von so etwas Großem träumen lassen. Vielleicht bin ich diejenige in der Familie, die den Teufelskreis der Armut durchbrechen wird. Darauf vertraue ich.«

Doch trotz des Vertrauens in Gottes Pläne schlossen sich plötzlich Türen für Viktorias Kinder. Eine neue Herausforderung schien in Viktorias Leben eingetreten zu sein, gerade als sie begonnen hatte, sich neu aufzubauen. Wartete schon die nächste Probe? Hatte sie den Schritt in die Schweiz zum richtigen Zeitpunkt gewagt? Hatte sie sich wieder zu hohe Ziele gesetzt?

„Herr, lehre mich, dass mein Leben ein Ziel hat" Psalm 39,5

Um ein Ziel zu erreichen, muss man sich Gott unterordnen, sagt die Bibel in Jakobus 4,15.16

Auch wenn Viktoria in ihrem Leben nicht sofort große Erfolge sah, so schien sich ihr Leben von Tag zu Tag zu verbessern, seit sie durch Jesus Christus näher zu Gott gekommen war. Ihr körperliches Wohlbefinden und ihr innerer Frieden hatten sich verbessert. Sie hatte aufgehört, sich zu viele Fragen zu stellen und sich über Probleme Gedanken zu machen, vielmehr hatte sie die Erfahrung gemacht, dass es Lösungen gab, die oft von selbst kamen, ohne dass sie sie erzwingen musste und ohne dass sie sich aus der Ruhe bringen ließ.

Das mag inmitten einer Herausforderung nicht selbstverständlich erscheinen, ist aber eine unumstößliche Wahrheit.

Wie ernst oder beängstigend eine Herausforderung auch erscheinen mag, es ist wichtig, sich daran zu erinnern, dass sie nicht ewig andauern wird. Jeder Sturm zieht vorüber, jede Nacht weicht einem neuen Tag und jedes Problem findet irgendwann eine Lösung. Inmitten von Schwierigkeiten ist es leicht, diese Realität aus den Augen zu verlieren und zu denken, dass unser Kampf endlos ist. Aber das ist nicht so, denn der Herr ist immer mit uns.

Gott gibt uns unzählige Möglichkeiten, zu ihm zurückzukehren und seine Liebe neu zu erfahren. Unser Gott ist der Gott der zweiten, aber auch der dritten, der vierten und vieler anderer Möglichkeiten. Er schenkt uns nicht nur ein 'zweites Leben', sondern er kommt zu uns, um unser ganzes Leben zu verändern.

„Fürchte dich nicht, denn ich bin bei dir, hab keine Angst, denn ich bin dein Gott. Ich mache dich stark, ich helfe dir, ich behüte dich mit meiner siegreichen Hand." Jesaja 41,10

Angst vor dem Scheitern kann als jene Lähmung des Handelns beschrieben werden, die Projekte im Keim erstickt, bei den ersten Hindernissen zurückschrecken lässt und zum Abbruch führt, weil die Angst vor dem Scheitern zumindest scheinbar die Möglichkeit des Gelingens überwiegt. Angst blockiert, Angst lähmt. Nicht umsonst ist das am häufigsten zitierte Wort in der Bibel 'Fürchtet euch nicht', denn auch die Bibel sagt, dass Angst ein natürliches und oft berechtigtes Gefühl ist. Die Furcht vor Gott zum Beispiel wird als etwas Gutes angesehen, weil sie uns an seine Macht und unseren Platz im Universum erinnert. Die Bibel ermutigt uns aber auch, uns nicht vor dem zu fürchten, was uns Angst macht, denn Gott hat versprochen, uns zu beschützen und uns die Kraft zu geben, unseren Ängsten zu begegnen und der Heilige Geist befreit uns von der Angst und lässt uns die Liebe Gottes spüren.

Durch ihn werden Ängste überwunden und Türen geöffnet. Denn das ist es, was der Geist tut: Er lässt uns die Nähe Gottes spüren und so vertreibt seine Liebe die Angst und erleuchtet den Weg.

So trage alle deine Ängste zu deinem Herrn Jesus Christus, damit du Gott dein Herz öffnest und ihn durch die Verwandlung annimmst. Bete, dass dir geholfen wird, den Weg zu finden, der dich zu Gott führt, tue es mit einfachen Worten, du brauchst keinen Roman zu erzählen, aber was du sagst, sag es von Herzen und im Glauben;

„Geist des Herrn, komm auf mich herab, schmelze mich, forme mich, fülle mich mit dir, erfülle mich, benutze mich, heile mich".

Nur wenn man Gott annimmt, kann man die wahre Bedeutung des Glaubens verstehen und diesen Glauben überall in den Angelegenheiten des Lebens anwenden, auch bei der Suche nach neuen beruflichen Möglichkeiten, bei der Suche nach Liebe, Gesundheit und natürlich auch nach Erfolg, wobei Glaube, Ausdauer und Geduld als entscheidende Elemente für den Erfolg hervorgehoben werden.

In Matthäus 6,25-34 zählt der Herr zehn Gründe auf, warum Christen nicht ängstlich und besorgt sein sollen, die, wenn sie befolgt werden, uns nicht nur von allen Formen der Besorgnis befreien, sondern auch von den daraus resultierenden Krankheiten, die unseren Körper befallen und die die moderne Medizin als "Stresskrankheiten" bezeichnet.

Der Christ, der Gott bereits angenommen und die Verwandlung erkannt hat, vermeidet Ängste und Sorgen, weil er weiß:

Das Leben ist mehr als die Nahrung (vgl. V. 25);

Der Leib ist mehr als die Kleidung (vgl. V. 25);

Menschen sind wichtiger als Vögel (vgl. V. 26);

Gott sorgt für beide (vgl. V. 26);

Furcht ist nutzlos und lächerlich (vgl. V. 27);

Der Mensch ist den Pflanzen überlegen (vgl. V. 28);

Gott verschönert wie kein anderer (vgl. V. 28);

Wer sich sorgt, ist wie ein Heide (vgl. V. 29-32);

Wer sich sorgt, ist ein Ungläubiger (vgl. V. 32);

Wir leben von Tag zu Tag (vgl. V. 34).

Das Ende einer Herausforderung mag nicht offensichtlich sein, aber das Wissen darum ist ein Leuchtfeuer der Hoffnung in den dunkelsten Momenten.

Es ist dieses Wissen, das uns durchhalten, weitermachen, weiterkämpfen lässt. So schwierig die Herausforderung auch sein mag, sie ist nur vorübergehend. In diesen Momenten ist es wichtig, Vertrauen zu haben und weiterzumachen, um den Durchbruch zu schaffen. Lege alles in Gottes Hände und vermeide es, Situationen zu erzwingen. Neben seiner überreichen und wirksamen Gnade hat der Herr dir den Kopf, die Hände und die geistlichen Fähigkeiten gegeben, damit deine Talente Frucht bringen. Gott will ständig Wunder wirken - Tote auferwecken, Tauben das Gehör wiedergeben, Blinde sehend machen, Lahme gehen lassen... All das hat er uns durch seinen Sohn Jesus Christus gezeigt. Deine Talente, dein Streben, deine Erfolge - sie sind nichts wert, wenn du sie nicht Jesus Christus zur Verfügung stellst, wenn du sie ihm nicht frei zur Verfügung stellst, wenn du sie zu einem Götzen machst. Du allein mit deinem Boot, wenn du auf den Meister verzichtest, segelst du, bildhaft gesprochen, geradewegs in den Schiffsbruch. Nur wenn du die Gegenwart und Führung des Herrn suchst, wirst du vor den Stürmen und Wellen des Lebens sicher sein. Lege alles in die Hände Gottes: Deine Gedanken, die schönen Abenteuer deiner Phantasie, deine edlen menschlichen Ambitionen, deine reine Liebe- alle müssen durch das Herz von Jesus Christus gehen. Sonst werden sie früher oder später mit deinem Egoismus untergehen.

Wenn du ein zufriedenes Herz haben willst, wenn du wahre Freude in deinem Herzen spüren willst, dann brauchst du zwei Dinge, oder besser gesagt, zwei Aspekte derselben Sache: Du musst Jesus Christus als deinen Herrn und Retter anerkennen und um Jesus Christus als deinen Herrn und Retter wirklich anerkennen zu können, musst du Jesus Christus als deinen Schatz anerkennen und du musst auch weiter in Jesus Christus wachsen, damit du Gott annehmen kannst.

Wenn wir an unserer geistlichen Verwandlung arbeiten, verwandeln wir unser Herz in eine größere Liebe zu unserem Schöpfer und zur Schöpfung. Wir nehmen uns Zeit, Gottes Botschaft in der Schöpfung 'mit Ehrfurcht und Staunen' zu hören. Wir reflektieren unsere Worte und Taten, erkennen demütig an wo wir versagt haben und schlagen neue Wege ein, um einfach und solidarisch mit der Schöpfung zu leben. Indem wir unsere Herzen und Köpfe zu einer größeren Liebe zu Gott, zu den Mitmenschen und zur Schöpfung umwandeln, setzen wir einen Prozess in Gang, in dem wir Heilung und Erneuerung in unserem Zuhause, in unserem Leben, in unseren Familien und in unserem Umfeld fördern. Wenn in der Bibel von Bekehrung zu Gott die Rede ist, dann ist damit in der Regel eine tiefgreifende innere Wandlung gemeint, die eine Veränderung des Lebens begründet und motiviert.

In der Aufforderung zur Umkehr können wir den ganzen biblischen Glauben erkennen. Das göttliche Wort will gerade die Umkehr seiner Hörer bewirken. Das in der Heiligen Schrift bezeugte Wort will jene existentielle Bewegung zurück zum Traum Gottes fördern, die durch eine andere Sicht des Lebens in der Welt möglich wird. Die ganze Bibel spricht von Umkehr, nicht nur dort, wo das Wort erscheint. Die ganze Existenz ist ein Prozess der Bekehrung, der sich nicht auf einen einzigen Moment reduzieren lässt, so entscheidend er uns auch erscheinen mag. Zwar gibt es in der Biographie von Menschen prägende, einschneidende Erlebnisse, aber die biblische Logik der Bekehrung macht diese lichten Momente zum Ausgangspunkt einer lebenslangen Reise.

«Frau Moravec, hier ist Robert Wolf, erinnern Sie sich? Sie haben den Auftrag, mein Haus zu verkaufen. Ihr Maklervertrag ist heute angekommen, aber im Briefkopf steht unter ihrem Namen eine Schweizer Adresse, sind sie umgezogen?«

«Ich bin gerade im Begriff umzuziehen, aber sie brauchen sich um den Verkauf ihres Hauses keine Sorgen zu machen, ich werde alles wie besprochen für sie erledigen«.

«Werden sie mit mir essen gehen, bevor sie wegziehen?«

«Sie sind sehr hartnäckig! Ich überlege es mir noch...«, antwortete Viktoria diesmal nicht einmal abgeneigt.

«Sind sie religiös?«, fragte er plötzlich.

«Das ist eine sehr interessante Frage. Und sie, sind sie religiös?«, fragte sie zurück.

«Finden sie die Frage interessant? Ich glaube an Gott. Und sie?«, antwortete er nur.

«Ich auch«, antwortete sie erfreut.

Ist es nicht interessant, dass ein Mann Gottes sich für Viktoria interessiert und das sogar auf ziemlich eindringliche Weise? Da Viktoria Gott in ihr Leben aufgenommen hatte und vor allem gottesfürchtig war, sollten auch ihre Zukunftspläne in Bezug auf Liebe und eine zukünftige Ehe ihrem Glaubensplan entsprechen. Nicht nur Viktorias zukünftiger beruflicher und persönlicher Erfolg sollte auf einem soliden und gesunden Fundament aufgebaut sein, sondern auch die Liebe, um die sie Gott gebeten hatte.

Falls es einen nächsten Mann in ihrem Leben geben sollte, erhoffte sie, dass sie die höchste Essenz der reinen Gefühle, die man für einen Partner haben kann, erfahren würde.

Aber ist es Gott, der die „Liebe" zusammenführt?

Wer Gott kennt, weiß, dass er auf geheimnisvolle Weise die Schritte des Menschen lenkt, aber dies geschieht nicht auf Kosten des Menschen oder „durch Zauberei", denn die 'Gnade setzt die Natur voraus'.

Dieser kleine Satz sagt viel darüber aus, wie sich die Gnade Gottes, seine Vorsehung und sein Plan verwirklichen und materialisieren. Von der Begegnung zweier Menschen in der Liebe zu sprechen bedeutet, von der Begegnung zweier Freiheiten, zweier Öffnungen oder auch zweier Verschlossenheiten zu sprechen! Bei der Begegnung zweier Menschen geht es also nicht nur um den Willen Gottes, den es behutsam zu erkennen und nicht zu projizieren gilt, sondern auch um die Freiheit zweier Menschen, ihrer Geschichte, ihrer Wünsche und ihrer Verletzungen. Neben diesen Freiheiten gäbe es in der Realität alle Variablen anderer Freiheiten und Situationen, die Begegnungen fördern oder behindern. Anstatt also, wie man sagt, „auf das Geschenk des Himmels zu warten", ist es ratsam, seinen Teil beizutragen, offen zu sein für die Begegnung, für die Konfrontation, ohne Eile, aber auch ohne Angst.

Es gibt einen schönen Satz in der Bibel, in dem der Erzengel Raphael zu Tobias (im Hinblick auf Sarah) sagt: „Fürchte dich nicht, sie ist dir von Ewigkeit her bestimmt" (Tb 6,16-18).

Die Begegnung mit diesem Mann, der ihr nicht nur ein Business ermöglichen wollte, sondern sich auch für sie interessierte und ein Mann Gottes war, deutete Viktoria als Zeichen des direkten Eingreifens Gottes in ihr Leben. Wird diese unwahrscheinliche Begegnung den Lauf ihres Lebens verändern und ihr ungeahnte

Türen öffnen?

>Derselbe Gott, der mir die Idee für das Geschäft gegeben hat, wird mir auch die Kundschaft bringen. Und vielleicht auch die Liebe?>, denkt sie bei sich.

Viktoria musste nicht nur von Grund auf neu anfangen, sie brauchte auch Zeit, um ihr Herz zu heilen, deshalb konzentrierte sich auf ihre Beziehung zu Jesus Christus, dem einen Mann, der es geschafft hatte, einen Platz in ihrem Herzen zu gewinnen und da Jesus gesandt wurde, um die zu verbinden, deren Herzen gebrochen waren, war er nun der wichtigste Bezugspunkt in ihrem Leben, denn das Herz des christlichen Lebens ist Jesus Christus.

Beim Lesen der Bibel ist es wichtig, Christus zu suchen. Im Alten Testament können wir viele Arten von Christus erkennen: Menschen, Ereignisse oder Gegenstände, die in irgendeiner Weise Christus und sein Werk repräsentieren. Es gibt auch viele Prophezeiungen über Christus.
Nehmen wir zum Beispiel Jesaja 61, der vom Christusgeist geleitet wurde, um mehr als jeder andere Prophet Dinge und Aspekte von Christus zu beschreiben.
In Kapitel 61 gibt es eine Prophezeiung, die Jesus auf sich selbst bezog, als er in der Synagoge von Nazareth las. Obwohl diese Worte von Jesaja geschrieben wurden, gehören sie Jesus Christus. Es war der Geist von Jesus selbst, der Jesaja diese Worte schreiben ließ;

„1 Der Geist des Herrn, Gottes, ruht auf mir; denn der Herr hat mich gesalbt, um den Demütigen eine gute Botschaft zu bringen; er hat mich gesandt, um die zu verbinden, deren Herz zerbrochen ist, um den Sklaven die Freiheit auszurufen und den Gefangenen die Öffnung des Gefängnisses, 2 um ein Gnadenjahr des Herrn auszurufen und den Tag der Rache unseres Gottes, um alle zu trösten, die traurig sind.

Jesus wendet diese Jesaja-Stelle auf sich selbst an. Es sind also Worte von Jesus Christus, die er durch den Propheten Jesaja etwa 600 Jahre vor seinem Kommen in die Welt angekündigt hat.

Vergegenwärtigen wir uns den ersten Teil von Jesaja 61,1;

„Der Geist des Herrn, Gottes, ruht auf mir; denn der Herr hat mich gesalbt, damit ich den Demütigen eine gute Botschaft verkünde" (Jesaja 61,1 NRV).
Der Geist Gottes, des Herrn, ruht auf mir.
Als Jesus auf Erden war, war der Heilige Geist auf ihm.

Als Jesus Christus von Johannes dem Täufer im Jordan getauft wurde, stieg der Heilige Geist vom Himmel herab und kam auf ihn, wie wir in Matthäus 3 lesen.

„16 Und als Jesus getauft war, stieg er aus dem Wasser; und siehe, der Himmel tat sich über ihm auf und er sah den Geist Gottes wie eine Taube herabfahren und auf sich kommen; 17 und siehe, eine Stimme vom Himmel sprach: Dies ist mein lieber Sohn, an dem ich Wohlgefallen habe" (Matthäus 3,16-17 LND).
Der Heilige Geist ist in der Bibel auf verschiedene Menschen herabgekommen und hat sie zu bestimmten Taten befähigt. Aber er

kam immer nur in einer begrenzten Weise. Auf Jesus hingegen kam der Heilige Geist grenzenlos, wie wir in Johannes 3,34 lesen.

"Denn wen Gott sendet, der redet Gottes Wort; denn Gott gibt ihm den Geist nicht nach Maß. (Joh 3,34 LND)
Der Vater gab Jesus den Geist ohne Maß, ohne Grenze.

Außerdem wurde Jesus gesalbt, wie es in der Bibelstelle heißt:

„Der Geist des Herrn ruht auf mir, denn der Herr hat mich gesalbt, damit ich den Demütigen eine gute Nachricht bringe" (Jes 61,1 LND). Jesus war gesalbt. Vom Heiligen Geist gesalbt zu sein bedeutet, zu einem Dienst beauftragt zu sein.

«Aber wer sind sie, die nette, freundliche Kellnerin aus dem alten Restaurant an der Ecke, oder die selbstbewusste Geschäftsfrau, die mir das Haus gleich beim ersten Besichtigungstermin verkauft hat? Wer sind sie, Viktoria?«, fragte Herr Wolf.
«Ich bin wohl eine Mischung aus beidem«, grinste Viktoria.
«Wissen Sie, was der Nachteil dieses schnellen Verkaufs ist?«
«Dass Sie sich jetzt noch schneller von Ihrem schönen Zuhause verabschieden müssen?«, fragte Viktoria ratlos.
«Ich hatte mich schon von meinem Haus verabschiedet. Nun, ich hatte gehofft, dass ich sie öfter sehen würde, wegen der Kundentermine, da sie nicht mit mir essen gehen wollen ... Werden wir uns das nächste Mal beim Notar sehen?«
«Ja.«
«Darf ich Sie wenigstens am Sonntag in unsere Freie Christliche Gemeinde einladen?«, fragte er hoffnungsvoll.

«Eine christliche Gemeinde? Ich wusste gar nicht, dass es hier so etwas gibt. Ich wollte schon lange eine finden«, sagte sie euphorisch.

«Jetzt scheint es, als hätte ich den richtigen Knopf gedrückt...«

«Ja, das haben sie...«

Mit einem unbeschreiblichen Gefühl verließ Viktoria das Haus und ging zum Auto. Der Gedanke an Jesus und den Besuch einer christlichen Gemeinde erfüllte ihr Herz und es war, als würde ihre Brust vor Liebe explodieren. Es war, als ob die Liebe aus dem Herzen Jesu ihr Herz entflammen würde. Ein solches Gefühl hatte Viktoria schon als junges Mädchen gehabt, aber nicht so intensiv wie die jetzige Wahrnehmung dieser bewussten Liebe zu Jesus.

>Ich liebe dich, Jesus", wiederholte sie in Gedanken, während sie im Auto saß, ihre Hand an ihr Herz legte und sich vorstellte, wie Jesus auf sie zukam, sie umarmte und ihr sagte, dass er sie liebt. Jesus Christus führte sie zum Heilungsprozess, weil die Liebe Jesu` nach und nach in sie eindrang. In ihren Gedanken umarmte Jesus sie und gab ihr das Gefühl, wichtig zu sein. Er heilte die blutende Wunde in ihrem Herzen. Jesus kam nicht, um den Schmerz auszulöschen, den sie fühlte, sondern um die Wunde zu heilen, die der Schmerz verursacht hatte. Mit anderen Worten: Aus dem Unterbewusstsein des Verstandes verschwindet die schmerzhafte Erinnerung nicht, aber durch das Gebet wird sie durch die Gegenwart Jesus in eine positive Erinnerung verwandelt.

Liebevoll führt er das verletzte Mädchen Viktoria dazu, ihren Schmerz Gott, ihrem Vater, anzuvertrauen.

Aber wie war das möglich?

„Wer sich mit dem Herrn verbindet, wird ein Geist mit ihm (...) Wisst ihr nicht, dass euer Leib ein Tempel des Heiligen Geistes ist, der in euch ist und den ihr von Gott empfangen habt? Darum gehört ihr nicht euch selbst; denn ihr seid teuer erkauft. Darum verherrlicht Gott in eurem Leib" (1 Kor 6,17-19).

Mehr und mehr wurde ihr die Bedeutung der Verse, die sie in der Bibel las, klar und bewusst.

Jesus sagte: „Ich in ihnen und sie in mir; und ich werde den Vater bitten und er wird euch einen anderen Tröster geben, dass er bei euch sei in Ewigkeit, den Geist der Wahrheit, den die Welt nicht empfangen kann, weil sie ihn nicht sieht und nicht kennt. Ihr aber kennt ihn, weil er bei euch wohnt und in euch sein wird" (Joh 14,16-18). Das ist wunderbar! „Wenn der Heilige Geist kommt, werdet ihr erkennen, dass ich im Vater bin und ihr in mir" (Joh 14,20). Das ist nicht nur eine Verbindung, sondern eine Ganzheit. Das ist Gottes Ziel, sein Traum von Liebe, sein Reich: „Ich in euch und ihr in mir". Wenn der Heilige Geist in uns wirkt, ist das vollbracht. Dann wird unser Geist, unser Körper, unsere Seele, unser Verstand durch seinen Geist zu Gottes Wohnraum! Jede Zelle gehört ihm, jeder Atemzug, jeder Herzschlag, jeder Augenblick. Das Werk des Heiligen Geistes ist es, uns zu weihen, uns zu verwandeln, eine Art Transsubstantiation in uns zu bewirken, dann sind wir ganz sein und er gehört ganz uns.

«Mama, wir kommen dich am Freitag besuchen und bleiben bis Sonntag. Was sagst du dazu?«, fragte Marko.

«Ich meine, ihr würdet mich sehr glücklich machen. Hast du mit deinem Chef wegen der Ausbildungsplätze gesprochen?«, fragte

Viktoria.

«Ja und du wirst nicht glauben, was passiert ist. Wusstest du, dass diese Firma auch eine Niederlassung in der Schweiz hat, die sehr gute Umsätze macht? Dort hat er uns zwei Lehrstellen angeboten«, erzählte Marko begeistert.

«Im Ernst?«, fragte Viktoria aufgeregt.

«Ja, im Ernst. Findest du nicht, dass es ein glücklicher Zufall ist, gerade jetzt, wo du eine Firma in der Schweiz gegründet hast?«

«Das ist mehr als ein Zufall, das ist ein echtes Wunder, würde ich sagen!«

«Weißt du, genau das habe ich auch gedacht. Ich frage mich, was deine Freundin Annika dazu sagen würde...«

«Ich glaube, sie würde in all dem Positiven auch etwas Negatives finden. Sie sah in meinem Sturz etwas Schreckliches und nicht eine neue Chance. Während für Annika der Sturz das Ende bedeutete, bin ich dazu gekommen, zu beweisen, dass der Sturz die Tür zu einem Neuanfang sein wird. Dass wir hier alles verloren haben, war wahrscheinlich schon die Vorbereitung auf den nächsten Schritt«, erklärt Viktoria.

«Mein Bruder und ich wollen die Schweiz entdecken und wir freuen uns darauf«, sagt Marko.

«Lasst uns diesen neuen Weg gehen...«

Die Begegnung mit Jesus Christus veränderte Viktoria von innen heraus und alles um sie herum schien auf diese Veränderung zu reagieren, als ob Gott ihren gehorsamen Willen benutzte, um andere zu segnen.

Die Bibel sagt, dass eine Zeit kommen wird, in der die wahren Diener

Gottes im Geist und in der Wahrheit dienen werden und diese Zeit ist gekommen. Immer mehr Menschen bekehren sich zu Jesus. Wir werden unseren Körper und unsere Stimme benutzen, um zu beten, denn das Beten hört nicht auf, wenn die Musik aufhört. Das Beten ist ein Lebensstil, es ist dein Lebensstil! Du zeigst, ob du ein Gläubiger bist, auch außerhalb der Kirche, durch deine Lebensweise, durch deine Taten.

Was bedeutet das? Dass das, was Gott zu dir gesagt hat, in deinem Herzen wahr ist und dass du wirklich an das Wort Gottes glaubst.

Das Wort Gottes spricht mehr als hundert Mal zum Herzen; Gebet beginnt im Herzen. Doch Wenn ich Herz sage, woran denkst du? An den Muskel in deinem Körper? Wenn die Heilige Schrift vom Herzen spricht, meint sie den Charakter, den Verstand, die Gedanken, das Gewissen, die Gefühle und den Willen. In Wirklichkeit ist das Herz so etwas wie eine Kommandozentrale, die Gefühle, Emotionen, Charakter und Willen steuern kann. In dieser Kommandozentrale sitzt immer jemand, der lenkt: Dort sollte Gott sitzen.

Mit ihren Kindern kam Viktoria früh in die Freie Christengemeinde. Dort zu sein bewegte sie so sehr, dass sie ihre Tränen kaum zurückhalten konnte. Die wohlklingende Gitarrenmusik während der Probe vor dem Gottesdienst ließ sie am ganzen Körper erschauern.

Ein Licht erhellte die Schrift an der Wand;

„Ich bin der Weg und die Wahrheit und das Leben; niemand kommt zum Vater denn durch mich" Johannes 14,6

«Mama, hier, nimm das Tuch», sagte Luka und reichte ihr ein

Taschentuch, um ihre Tränen zu trocknen.

Kurz vor Beginn des Gottesdienstes sah sich Viktoria nach Herrn Wolf um, der sie eingeladen hatte und sie anscheinend vergessen hatte, denn sie konnte ihn nirgends entdecken.

Eine junge Frau ging zum Klavier und setzte sich mit einem aufgeschlagenen Notenbuch davor. Ein junger Mann begann Gitarre zu spielen und als sich die Tür hinter dem Rednerpult öffnete, begannen alle Anwesenden zu singen.

«Friede sei mit euch, liebe Brüder und Schwestern«, begrüßte Herr Wolf die Anwesenden hinter dem Rednerpult.

Kapitel 9 Jesus ist dein Durchbruch

« **J**a!!! Wir haben die Verträge für die neuen Ausbildungsplätze in Zürich!«, jubelte Luka, als sie im Restaurant zu Mittag aßen.

«Der Verlust der Ausbildung war also kein Verlust, sondern ein Anstoß für die nächste Stufe...Da fällt mir sofort der schöne Vers aus Jesaja 60,22 ein; Wenn die Zeit reif ist, werde ich, der Herr, es geschehen lassen...«, antwortete Viktoria glücklich.

Innerhalb weniger Wochen wurde das Leben von Viktoria und ihren Kindern von einem unaufhaltsamen Strom mitgerissen, der sie aus Deutschland herausführte, als ob die Zeit für einen Ausbruch gekommen wäre!

Voller Vertrauen in den Herrn fand Viktoria, dass es an der Zeit sei, sich Wohnungen in der Schweiz anzuschauen und kündigte die Wohnung, in der sie gerade lebte. Genau acht Wochen blieben ihr, um in die Schweiz zu ziehen, während ihre Kinder vorübergehend bei ihrem Arbeitgeber in Zürich unterkamen.
Mit den Händen auf dem Herzen hielt Viktoria ihre Freudentränen zurück, ihre Stimme konnte nichts sagen, ihr Herz schrie vor Dankbarkeit. Unermüdlich schaute sie auf die Schöpfung Gottes in ihrem Leben, eine Schöpfung, die so erstaunlich, so bunt, so schön war, vergleichbar mit den Bäumen, die im Winter kahl sind, während die Erde noch in ihren weißen Wintermantel gehüllt ist und eine dünne Schneedecke den Boden bedeckt. Die Zeit schien erst stillzustehen, in der Schwebe zu sein und dann, ganz unerwartet, brach das Leben hervor, das Leben triumphierte!

„Du hast mein Klagen in Tanzen verwandelt, hast mir das

Trauergewand ausgezogen und mich mit Freude umgürtet." Psalm 30,12.

Hast du Jesus schon einmal in dein Leben hereingelassen? Jesus kommt in dein Haus und bringt alles in Ordnung!

Wie Viktoria wirst auch du nach deiner Begegnung mit Jesus nie mehr derselbe sein. Wenn du ihn anrufst, dringt er geistlich in dein Herz ein und nimmt durch die Kraft seines Opfers deine Sünde weg. Jesus gibt deinem Leben einen neuen Wert, indem er dir hilft, die Gedanken, Gefühle und Verhaltensweisen zu beseitigen, die dich daran hindern, dein Leben in Harmonie mit Gott zu leben. Wenn du einen Durchbruch brauchst, kann er nur durch den Messias kommen, Jesus ist dein Durchbrecher und du kannst in jeder Situation, in der du bist, einen Durchbruch erleben. Lass ihn zu deinem persönlichen Durchbrecher werden und der Durchbruch wird kommen.

Die Bibel zeichnet ein realistisches Bild des Lebens: Wohl und Wehe, Klage und Tanz, Trauer und Freude. So ist das Leben. Keine Schwarzmalerei, keine rosarote Brille. Freude und Leid - beides gehört zum Leben. Sonst wäre das Leben entweder schrecklich oder furchtbar langweilig. Und erst vor dem Hintergrund von Leid und Schmerz können wir Freude und Glück als etwas Besonderes erfahren: Nichts ist selbstverständlich, schon gar nicht, dass es uns gut geht.

Jesus ist die grundlegende Entdeckung, die unserem Leben eine entscheidende Wende geben und ihm Sinn verleihen kann. Er ist der verborgene Schatz, die kostbare Perle, von der die Bibel spricht. Es geht also darum, zu suchen, aufzubrechen und zu streben. Dein Herz soll brennen vor Sehnsucht nach dem kostbaren Schatz, der Jesus ist.

Das Wort von Jesus Christus ruft dich heute auf, auf seine Barmherzigkeit zu schauen. Es ruft dich auf, zu sehen, wie er, der gute Hirte, kommt, um dich zu suchen, um dir Heilung zu bringen, um dir Heil zu schenken.

Vielleicht bist du gerade jetzt ein verlorenes Schaf. Weil du vielleicht gesündigt hast, weil dich das Leben verletzt hat, weil du einen dramatischen Moment erlebt hast. Nun: Jesus Christus kommt zu dir, um dich aus der Dunkelheit herauszuholen, aus der Finsternis, in die du gefallen bist. Wichtig ist, dass du keine Angst hast. Manchmal, wenn wir verletzt sind, lassen wir uns von der Angst überwältigen. Das ist genau das, was der Teufel will: dir Angst machen, dich deprimieren, dich entmutigen. Vielleicht gewöhnst du dich sogar schon an deine Knechtschaft. Aber das alles kommt nicht von Gott. Denn Jesus will dich aus deinem inneren Tod herausreißen. Jesus Christus ist nicht empört über deine Sünden. Du magst heute der schlimmste Mensch der Welt sein, der abscheulichste Mensch auf Erden, aber Jesus Christus ist nicht angewidert von dir, denn er wartet mit offenen Armen auf dich, um dich zu retten! Er will nicht, dass du verloren gehst, denn er hat dich mit dem Blut seines Kreuzes erlöst!

«Der Typ, der dein Haus gekauft hat, hat mir heute einen Brief für dich gebracht, anscheinend aus der Schweiz«, sagte Annika in einem eher konservativen Ton.
«Schön, von dir zu hören, ich hoffe, es geht dir und deiner Familie gut«, antwortete Viktoria, überrascht, von ihrer Freundin Annika zu hören.
«Ja, uns geht es gut, danke. Aber was hat dieser Brief aus der Schweiz zu bedeuten, er scheint von der Behörde zu kommen. Was treibst du, Viktoria?«, frage Annika in ermahnendem Ton.
«Was ich treibe? Nichts, was du verstehen könntest...«, antwortete Viktoria.
«Verdammt Viktoria!«, brüllte Annika.
«Mach's gut Annika, schick den Brief bitte an meine Adresse in Deutschland.«

Es waren wenige, aber klare Worte, die Viktoria für ihre Freundin Annika fand. Worte eines Menschen, der sich nicht von der Meinung anderer beeinflussen lässt und seinen Weg in Gott geht.

«Habt ihr in eurem Leben schon einmal gesagt: "Das hätte ich nie gedacht, das ist wirklich ein Wunder! Wenn ja, dann wisst ihr, dass das die Wirkung ist, die Jesus auf euer Leben hat, wenn ihr innehaltet und seht, wie er es für euch verändert hat. Wie viel wirklicher und glücklicher ist es jetzt! Und wie anders ist jetzt die Sicht auf dasselbe Leben, das man vorher vielleicht als Last empfunden hat! Wie konnte dieses Wunder geschehen? Durch die Gnade, die der Herr denen schenkt, die sich vertrauensvoll an ihn wenden. Für wie viele Dinge könnt ihr heute dem Herrn danken«, fragte Wolf in der Sonntagslesung.

Für Viktoria, die in den letzten Wochen schon mehrere Wunder in ihrem persönlichen Umfeld erlebt hatte, waren diese Worte eine Bestätigung dafür, dass das, was sie gerade erlebte, die Hand des Herrn in ihrem Leben war. Auch körperlich und seelisch fühlte sie sich anders, ein Wohlbefinden, von dem sie nicht mehr wusste, wann sie es das letzte Mal erlebt hatte. Trotz der Strapazen, die sie durch und während der Erkrankung erlitten hatte, hatte sie das Gefühl, in einem neuen, lebendigeren und widerstandsfähigeren Körper zu leben. Der Körper, der durch die vielen Operationen entstellte wurde, wurde für sie zum vollkommenen Körper, zum perfekten Körper, weil Gott ihn nach seinem Ebenbild geschaffen hatte.

«Sie scheinen sich in unserer christlichen Gemeinschaft wohl zu fühlen«, sagte Herr Wolf nach dem Gottesdienst zu Viktoria.
«Ich fühle mich in letzter Zeit überall wohl«, antwortet sie lächelnd.
«Ja und man sieht es ihnen an, sie strahlen ein Licht aus, das nicht von dieser Welt zu sein scheint...«.
«Komisch, aber das sagen mir alle«, sagt sie und ist sich bewusst,

dass ihre innere Veränderung auch nach außen sichtbar ist.

«In drei Tagen habe ich einen Notartermin für den Verkauf meines Hauses, danach würde ich Sie gerne zum Mittagessen einladen, in das Restaurant, in dem Sie manchmal arbeiten«, Herr Wolf ging wieder zum Angriff über...

«Ja, okay. Warum nicht?«, antwortete sie diesmal.

Ungläubig sah er sie an und fragte: «Wirklich?«

«Ja.«

«Ich wollte Ihnen nur sagen, dass ich Sie wegen Ihrer hervorragenden Arbeit beim Verkauf meines Hauses empfohlen habe. Ich habe einen Freund, der ein Architekturbüro hier in der Stadt hat und er sucht jemanden für ein paar Verkaufsprojekte und ich bin sicher, dass Sie die richtige Person dafür sind«, fügte er hinzu. Erstaunt sah sie ihn einen Moment lang schweigend an und sagte nur: "Gott segne Sie".

War das der Plan, den Gott für sie hatte? War das der Grund, warum das System ihres alten Lebens zusammengebrochen war und sie alles verloren hatte? Hatte Gott etwas Besseres mit ihr vor?

Das Streben nach himmlischem Wohlstand durch das Gebet um finanzielle Weisheit ist eine wichtige Erinnerung daran, dass alle unsere Ressourcen letztlich Gott gehören und dass er uns den Auftrag gegeben hat, weise damit umzugehen. Wenn wir Gottes Willen in den Vordergrund stellen und seine Führung suchen, wird er uns die Weisheit und Kraft geben, weise finanzielle Entscheidungen zu treffen. Wir können sicher sein, dass Gott uns nie im Stich lässt und dass er will, dass wir in allen Bereichen unseres Lebens erfolgreich sind. Aber was gewinnen wir, wenn wir in Jesus Christus investieren?

Jemand, der sich mit Finanzen auskennt, würde sagen: Wer Geld verdienen will, muss investieren und zwar nicht nur wenig und mit wenig Risiko, sondern er muss viel investieren und auch genug riskieren, um seinen Gewinn zu steigern. Sonst bleibt er immer arm. Aber Jesus sagt uns in Lukas 17,7-10, dass nur der, der sein ganzes Leben investiert, nur der, der sein ganzes Ich aufs Spiel setzt, auch das Reich Gottes empfangen kann. Dazu braucht es den Mut, etwas zu riskieren und nicht jemanden, der sich zurücklehnt und abwartet, was passiert.

Im Gleichnis wird auch nicht der Erfolg belohnt, sondern die Bereitschaft, etwas aufs Spiel zu setzen. So wird deutlich, dass Kleinglauben und Unglauben bestraft werden. Im Glauben liegt eine Verheißung, oder um es in der Sprache der Finanzwirtschaft zu sagen: Glaube bringt Gewinn, er bringt Rendite.

Woher kommt dann der materielle Segen? Die Bibel sagt in 5. Mose 8:18
„Gedenke des Herrn, deines Gottes, denn er gibt dir Kraft, Reichtum zu erlangen...".

Wenn wir Gott an die erste Stelle setzen, wird er sich um all unsere Bedürfnisse kümmern. In der Bibel heißt es in Matthäus 6,33: „Trachtet zuerst nach dem Reich Gottes und nach seiner Gerechtigkeit, so wird euch das alles zufallen."
Und genau nach diesem Grundsatz schien es in Viktorias Leben wieder aufwärts zu gehen, nachdem sie erkannt hatte, dass alles nur möglich ist, wenn man Gott an die erste Stelle setzt. Das zeigt auch, dass Gott uns nicht vergessen hat und dass das Wunder, der Durchbruch, die Heilung, die lang ersehnte Tür, die sich endlich öffnen soll, zu uns kommt.

Ein erfülltes Leben kommt nur aus der Freude und aus dem Kontakt mit dem Wort Gottes.

Das Wort Gottes hilft uns, nährt unseren inneren Menschen, gibt

Trost und Perspektive. Wir können mit dem Propheten Jeremia bekennen: „Dein Wort ist meine Speise, so oft ich es empfange; dein Wort ist meines Herzens Freude und Trost" Jeremia 15,16.

Das Wort Gottes war plötzlich so klar in Viktorias Leben, dass sie das Gefühl hatte, von nun an würde es nur noch bergauf gehen. Als sie im Wartezimmer des Architekturbüros saß, dankte sie im Stillen dem Herrn für die Möglichkeit, ein Projekt dieser Größenordnung leiten zu dürfen. Doch das war nicht ihr einziger Gedanke. Auch der Notartermin eine Stunde später ging ihr durch den Kopf. Allerdings nicht der mit dem Notar, sondern das Mittagessen mit dem attraktiven, geschiedenen Herrn Wolf.

«Frau Moravec, richtig?«, fragte der Architekt und schüttelte ihr die Hand.

«Ja, richtig. Danke, dass Sie mich heute hierher eingeladen haben«, antwortete sie und freute sich, dass sie auf diese Weise einen neuen Kunden gewonnen hatte, der praktisch vom Himmel gefallen war.

«Danke, dass Sie hier sind. Herr Wolf hat mir erzählt, wie kompetent und zügig Sie sein Haus verkauft haben. Leute wie Sie sind in diesen Zeiten selten«, lobte der Architekt.

«Dann wollen wir mal, der Notartermin mit Herrn Wolf ist in einer Stunde.«

Nach einem Gespräch, bei dem es um die Vermarktung eines Objekts mit sechs bereits in Planung befindlichen Einheiten und zwei zukünftigen Neubauprojekten mit jeweils vier Einheiten, verließ Viktoria das Architekturbüro mit dem Auftrag, die ersten sechs Einheiten sofort zu vermarkten. Ihre Maklerprovision für das erste Projekt belief sich auf einen fünfstelligen Betrag. Freudentränen liefen ihr über das Gesicht. Lange Zeit hatte Gott in ihrem Leben geschwiegen, doch plötzlich schien es, als sei er aus dem Schweigen erwacht.

Wer die Bibel liest, weiß, dass es viele Stellen in der Heiligen Schrift gibt, an denen Menschen das Schweigen Gottes ertragen mussten. Menschen, die jahrelang auf ein Kind warteten (Abraham und Sarah, Samuels Mutter Hannah, die Eltern Johannes des Täufers, um nur einige zu nennen). Das ganze Volk Israel, das jahrhundertelang (!) in der Sklaverei in Ägypten lebte, bis Gott ihre Hilferufe erhörte. Elia, der 40 Tage durch die Wüste wandern musste, bis er Gott fand und ihn in der Stille fand. Die Pharisäer des Neuen Testaments, die sehnsüchtig und aufrichtig auf den Messias warteten, ihn aber in Jesus nicht sehen konnten, weil er nicht ihren Erwartungen entsprach.

Viele können das Schweigen Gottes nicht akzeptieren, weil sie den Sinn des Schweigens nicht verstehen; der Mensch hat sich immer nach Antworten gesehnt angesichts der Schwierigkeiten, der Katastrophen, die die Menschheit heimsuchen.
Die Heilige Schrift spricht auch vom Schweigen Gottes gegenüber den betenden Menschen. Der schweigende Gott ist in dieser Hinsicht der Höhepunkt eines Leidensweges. Der Gläubige, der mit Schwierigkeiten konfrontiert ist, bittet Gott inständig, wie es in den Psalmen heißt: „Gott, schweige nicht"; „Gott meines Lobes, schweige nicht! (Ps 83,2); "Wenn du schweigst, bin ich wie einer, der in die Grube hinabsteigt". Jesus selbst wandte sich im äußersten Augenblick am Kreuz an den Vater: „Mein Gott, mein Gott, warum hast du mich verlassen?" Es sind die Worte aus Psalm 22, die folgen: "Mein Gott, Tag und Nacht rufe ich zu dir um Hilfe, aber du erhörst mich nicht und gibst mir keine Ruhe."

Sind wir es, die das Schweigen Gottes nicht hören und verstehen können? Die nicht verstehen, dass sich das göttliche Wort in unerwarteten Ereignissen und Geschehnissen ausdrückt? Gott spricht in der Stille. Es ist also Stille und Wort: „Als tiefe Stille alle Dinge umgab ... kam aus der Höhe dein allmächtiges Wort vom königlichen Thron".

Die Bibel berichtet auch von anderen Erscheinungen, die oft mit der Geschichte Israels verbunden sind. Gott offenbart sich dem Volk im Licht, in der Dunkelheit, in der Stille. Gott erschien Mose auf dem Berg Sinai und als der Berg heftig bebte, antwortete er mit Blitz und Donner. Nach dem letzten Seufzer Jesu am Kreuz spricht Gott. Wieder mit einem Erdbeben, das den Schleier des Tempels zerreißt, die Erde erschüttert und die Felsen zerbricht. Die göttlichen Worte, die in der Stille gesprochen werden, können durch die Schönheit des Entwurfs des Schöpfers verstanden werden.

Das Problem ist also nicht ein Gott, der abwesend und schweigsam erscheint, als ob er eine Mauer zwischen sich und dem Gläubigen errichtet hätte, sondern das fehlende Gehör des Menschen, die Sehnsucht nach einer Antwort, die „unserem Bild und Gleichnis" entspricht. Hier kommt unser Glaube ins Spiel und die Geduld, darauf zu warten, dass er seinen Willen tut, um das Beste zu verwirklichen, was er für uns vorgesehen hat.

«Hier, trocknen Sie Ihre Tränen und richten Sie Ihre Schminke ein wenig, sonst könnte Ihnen der Notar lustige Fragen stellen«, sagt Herr Wolf auf dem Parkplatz vor dem Notariat.

«Das sind Freudentränen ...«

«Ich habe gehört, Sie haben den Vertrag mit dem Architekten unterschrieben. Herzlichen Glückwunsch!«, sagte er und freute sich sichtlich für sie.

«Das habe ich alles Ihnen zu verdanken. Möge der Herr Sie reichlich segnen.«

«Oh, ich glaube, das tut er bereits«, sagte er und blickte ihr tief in die Augen, so dass sie erschauderte.

Der Wendepunkt in Viktorias Leben war eingetreten und sie fühlte ihn so intensiv, dass sie ihn am ganzen Körper spürte. Ihr Durchbrecher an diesem Wendepunkt war Jesus.

„Ein Durchbrecher zog vor ihnen her; sie brachen das Tor auf und zogen hindurch und hinaus: Ihr König zog vor ihnen her, ja, der Herr vor ihnen her. Jesaja 52,12"

Wie wir aus Victorias Lebenssituation ersehen können, ändert sich alles, wenn Jesus persönlich in unser Leben eingreift. Er handelt individuell nach den Bedürfnissen der Menschen. In seinen göttlichen Funktionen handelt er als:
- Schöpfer (Johannes 1,3; Kolosser 1,16; Hebräer 1,2)
- Erhalter (1. Korinther 8,6; Kolosser 1,17; Hebräer 1,3)
- Urheber des Lebens (Johannes 1,4; Apostelgeschichte 3,15)
- Herrscher (Matthäus 28,18; Römer 14,9; Offenbarung 1,5)
- Er heilt die Kranken (Markus 1,32-34; Apostelgeschichte 10,38)
- Er lehrt mit Autorität (Markus 1,21-22)
- Er vergibt die Sünden (Markus 2,1-12; Lukas 24,47; Apostelgeschichte 5,31; Kolosser 3,13)
- Er schenkt das Heil und das ewige Leben (Apostelgeschichte 4,12; Römer 10,12-13)
- Er sendet den Heiligen Geist aus (Matthäus 3:11; Apostelgeschichte 2:17, 33)
- Er weckt die Toten auf (Lukas 7,11-17; Johannes 5,21)
- Er ist ein Richter (Matthäus 25:31-46; Johannes 5:19-30; Apostelgeschichte 10:42; 1 Korinther 4:4-5)

Aus diesen in der Heiligen Schrift überlieferten Zeugnissen können wir schließen, dass Jesus und der Vater eins sind. Die Liste der in der Bibel erwähnten Zeugnisse ist jedoch viel länger.

«Können wir uns jetzt duzen? Ich bin Robert. Wenn ich nicht zu indiskret bin, würde ich gerne wissen, warum Sie sich entschieden haben, nach nur fünf monatigem Aufenthalt hier in Süddeutschland, in die Schweiz zu ziehen«, fragte Herr Wolf beim Mittagessen nach dem Notartermin.

«Das ist eine lange Geschichte. Wissen sie, dass sie, oder du wirklich neugierig sind/bist? «

«Ich bin nicht immer so neugierig, aber wenn es um sie geht, würde ich gerne mehr wissen«, antwortete er überzeugend.

Mit rotem Gesicht, als sie merkte, dass er sich wirklich für sie als Person interessierte, versuchte sie sich zu öffnen und begann ihre Geschichte zu erzählen, wobei sie versuchte, sich auf wenige Informationen zu beschränken. Ohne sie auch nur einmal zu unterbrechen, hörte er ihr gebannt zu und hing an ihren Lippen, als würde Musik daraus ertönen.

«Deine Geschichte geht mir unter die Haut. Wenn du anfängst, mit Jesus zu gehen, verändert sich alles, du fängst an aufzublühen, du wirst neu geboren und entdeckst eine Version von dir, die du nie gekannt hast. Jesus ist das Leben«, sagte er.

Bei diesen Worten kamen Viktoria wieder die Tränen, denn sie beschrieben in einem kurzen Satz genau das, was mit ihr geschehen war, seit sie mit Jesus gegangen war. Fürsorglich reichte er ihr wieder ein Taschentuch, um die Tränen abzuwischen.

«Das ist heute schon das zweite Mal, dass du mir ein Taschentuch gibst, um meine Tränen zu trocknen. Du wirst mich für eine Heulsuse halten«, sagte sie lächelnd.

«Wenn der Herr so viel Mühe in dein Leben gesteckt hat, dann musst du ein ganz besonderer Mensch sein.«

Der Mann schien ihr Herz berühren zu wollen. Es war lange her, dass sie das Gefühl hatte, jemandem vertrauen zu können, seit ihre Ehe mit Ivan zu Ende gegangen war. Es dauerte nicht lange, bis Viktoria merkte, dass sie Momente erlebte, in denen man die Zeit anhalten möchte, in denen man sich wünschte, dass etwas nie enden würde, in denen man sich wünschte, dass dieser Moment ewig dauern würde. Und das passiert meistens dann, wenn man in der Gegenwart eines Menschen ist, den man mag, wenn man in diesem Moment da sein kann, wenn man ihm in die Augen schauen kann, wenn man mit ihm sprechen kann, wenn man ihn mit den Händen berühren kann, wenn man ihn umarmen kann, wenn man ihn streicheln kann, wenn man ihn küssen kann, wenn man ihn in sein Herz schließen kann. Obwohl sie den Mann kaum kannte, war es doch so, als würde sie ihn schon ewig kennen. Auch Robert empfand es so und die beiden unterhielten sich stundenlang, bis die Wirtschaft schloss.

«Wann kann ich dich wiedersehen?«, fragte Robert auf dem Parkplatz.
«Du hast mir immer noch nichts von deiner Frau erzählt, wie kommt es, dass du geschieden bist?«, fragte Viktoria plötzlich.
«Vielleicht, weil du mich nicht gefragt hast«, grinste er.
«Ich wollte nicht neugierig sein. Wirst du es mir denn sagen?«
«Wir gehörten zwei verschiedenen Glaubensrichtungen an, ihre Religion passte nicht zu meiner Art, den Glauben zu praktizieren, das führte zu täglichen Differenzen und schließlich zum Bruch.«

Viktorias Ehe endete nach einem Interessenskrieg, Roberts Ehe nach einem Glaubenskrieg. Aber was sagt die Bibel über die Suche nach einem Lebenspartner? Wahrer Reichtum auf dieser Erde ist Erfolg in all seinen Aspekten und dazu gehört unser Liebes- und Familienleben und nicht nur der wirtschaftliche Aspekt.

Nach der Bibel ist die Suche nach einem Lebenspartner ein wichtiger Aspekt auf dem Lebensweg des Menschen. In Genesis 2:18 erklärt

Gott, dass es ungesund für den Menschen ist, einsam zu sein und erschafft ihm deshalb eine passende Gefährtin, Eva. Dies lehrt uns, dass Gott den Menschen so geschaffen hat, dass er Gemeinschaft sucht und sich einen geeigneten Lebenspartner sucht. Gott kann den zukünftigen Ehemann oder die zukünftige Ehefrau eines Menschen auf verschiedene Weise offenbaren. Das Gebet ist ein mächtiges Werkzeug, um Gottes Führung zu suchen. Der Einzelne kann Gott um Klarheit und Führung bei der Suche nach einem Lebenspartner bitten, indem er aufrichtig betet und nach seinem Willen fragt. Auch die Umstände können eine wichtige Rolle spielen. Gott kann Situationen schaffen und Menschen auf unerwartete Weise zusammenführen. Er kann Zufälle, zufällige Begegnungen oder gemeinsame Interessen nutzen, um Menschen zu ihrem Lebenspartner zu führen, einem Partner, der nicht nur eine Lücke füllt, sondern auch mit unseren Werten, Überzeugungen und Zielen übereinstimmt.

All dies lässt uns erkennen, dass die Liebe in jeder Lebensphase wichtig ist und dass die Fülle, die Erfüllung und das Glück eines jeden von uns eng mit dem Vorhandensein und der Qualität der Liebe verbunden sind.

Liebe ist in jeder Lebensphase wichtig, aber wir wissen nicht immer genau, was Liebe ist. Wir denken, dass Liebe „geliebt werden" bedeutet und wir bemühen uns auf verschiedene Weise, die Liebe eines anderen zu gewinnen: Wir streben nach Reichtum und Erfolg, achten auf unser Äußeres, um möglichst attraktiv zu sein, machen uns sympathisch und interessant oder versuchen, uns nützlich zu machen.

Oder wir denken, dass das Problem der Liebe darin besteht, die richtige Person zu finden. Wir sind davon überzeugt, dass wir, wenn wir erst einmal die richtige Person gefunden haben, keine Probleme mehr haben werden und dass es im Leben nur noch bergauf geht und so laufen wir Gefahr, unser ganzes Leben lang der Liebe nachzujagen, ohne sie jemals zu finden.

Vielleicht, weil wir nicht wissen, was Liebe ist?

„Ein neues Gebot gebe ich euch, dass ihr einander liebt, wie ich euch geliebt habe, damit auch ihr einander liebt. Daran werden alle erkennen, dass ihr meine Jünger seid, wenn ihr Liebe untereinander habt. Joh 13,34

Niemand hat größere Liebe als Jesus.

Wie gab Jesus das beste Beispiel für selbstlose Liebe, das ein Mensch geben kann?

Nun, Jesus hat ein außergewöhnliches Beispiel selbstloser Liebe gegeben. Selbstlosigkeit bedeutet, die Bedürfnisse und Interessen anderer vor die eigenen zu stellen. Wie zeigte Jesus diese Liebe? Er selbst sagte: „Niemand hat größere Liebe als der, der sein Leben hingibt für seine Freunde" (Johannes 15,13). Jesus gab bereitwillig sein ganzes Leben für uns hin. Das war der höchste Ausdruck der Liebe eines Menschen.

Aber wie können wir Jesu Liebe erkennen?

Die Heilige Schrift beschreibt die Liebe von Jesus Christus in wahrhaft bewundernswerter Weise. Doch wie sollen wir auf die Liebe Jesu antworten? Die Bibel ermahnt uns, „die Liebe Jesu Christi zu erkennen, die höher ist als alle Erkenntnis" (Epheser 3,19). Wie wir gesehen haben, lehrt uns die Darstellung des Lebens und Wirkens Jesu in den Evangelien viel über seine Liebe. Aber um die Liebe Jesu wirklich zu erkennen, reicht es nicht aus, zu lernen, was die Bibel über ihn sagt, sondern wir müssen sie in der Praxis erfahren. Wenn wir Liebe zeigen, wie Jesus sie gezeigt hat, indem wir uns selbstlos für andere einsetzen, mitfühlend auf ihre Bedürfnisse eingehen und ihnen von Herzen vergeben, dann können wir seine Gefühle wirklich verstehen. So können wir durch Erfahrung „die Liebe Jesu erkennen, die alle Erkenntnis übersteigt". Und vergessen wir nie: Je mehr wir Christus ähnlich werden, desto näher kommen wir dem, den Christus vollkommen nachgeahmt hat: unserem liebenden Gott.

«Sag mal, du bist wirklich mit einem Mann ausgegangen? Aber hast du nicht gesagt, du wolltest warten, bis dein Körper wieder so ist, wie er vorher war? Weißt du, was ich meine, deine ästhetischen Probleme wegen der Brustkrebserkrankung?«, fragte Marko überrascht über den Wandel seiner Mutter.

«Das wollte ich tatsächlich, bevor Jesus in mein Leben trat. Es sieht fast so aus, als ob Robert und ich zusammengebracht wurden. Weißt du, ich war nicht auf der Suche nach einem Mann. Wenn ich ehrlich bin, ist dieser Mann nicht nur äußerlich schön, sondern auch im Herzen«, antwortete Viktoria.

«Wie verkraftest du das alles? Nach Jahren der Dürre ist in wenigen Wochen so viel passiert, das ist schon rührend.«

«Ja, du hast recht, bei all den Glückstränen sind ich und die Küchenrolle fast zu einer Einheit verschmolzen...«, meinte Viktoria amüsiert.

«Deine Laune scheint auch wieder in Topform zu sein. Gelobt sei Jesus Christus!«

Viktoria war dankbar, dass sie die Gelegenheit hatte, einen Mann wie Robert kennen zu lernen und obwohl sie noch nicht wusste, wie sich diese Beziehung entwickeln würde, verspürte sie den Drang, dem Herrn im Gebet zu danken.

>Lieber himmlischer Vater,

Danke für das Geschenk dieser neuen Beziehung. Wir sind begeistert, aber manchmal fühlen wir uns schwach und orientierungslos. Wir bitten dich demütig, unser Führer zu sein. Führe uns auf Deinem Weg, richte unsere Herzen nach Deinem Willen aus.

Hilf uns, Herr, Entscheidungen zu treffen, die auf deiner Wahrheit beruhen und nicht auf unseren flüchtigen Gefühlen. Gestalte unsere Charaktere so, dass sie Deine Liebe und Barmherzigkeit füreinander widerspiegeln. Lass uns mit Freundlichkeit kommunizieren, mit Verständnis zuhören und mit Leichtigkeit vergeben.
Lehre uns, aufrichtig zu lieben, wie Christus uns liebt.
Amen.

Nach den Jahren der Prüfungen erhielt Viktoria die kostbare Gelegenheit, sich für die Ausübung ihres Glaubens zu entscheiden. Es gelang ihr, um die Hilfe Jesu Christus zu beten, der weiß, wie er uns helfen kann. Er hat jede Prüfung erlebt, der wir uns jemals stellen müssen. Er weiß, wie er jedem von uns helfen kann. Und er liebt uns. Der Sinn der Schwierigkeiten im Leben besteht darin, zu sehen, wofür wir uns entscheiden werden. Werden wir den Glauben üben, um die Gebote, die er uns gegeben hat, in allen Prüfungen, denen wir gegenüberstehen, zu halten?

«Die Aussicht von hier oben ist wunderschön, nicht wahr?«, fragte Robert oben auf dem Hügel und nahm ihre Hand in seine.
«Ich kann mich nicht erinnern, wann ich das letzte Mal eine solche Aussicht gesehen und mich so wohl gefühlt habe«, antwortete Viktoria.
«Ich sehe oft ähnliche Aussichten, aber das ist das erste Mal, dass ich mich so fühle, nur durch das Halten einer Hand...«

Kapitel 10   Erfolgsfaktor Spiritualität

« **E**rinnerst du dich an das erste Mal, als du deinen Glauben an Jesus Christus als deinen Herrn und Retter ausgesprochen hast? Welchen Unterschied kannst du zwischen dem Vorher und dem Nachher dieses Glaubensbekenntnisses erkennen? Wie wurde Jesus zum Wendepunkt in deinem Leben?«, fragte Robert Viktoria, als sie auf dem Gipfel des Hügels saßen.

Angestrahlt von den warmen Sonnenstrahlen, eingehüllt in die Farbenpracht der blühenden Frühlingswiesen und besänftigt durch das leise Zwitschern der Vögel, verbrachten Robert und Viktoria einen weiteren gemeinsamen Nachmittag.

«Wow, so viele und so anspruchsvolle Fragen, ich fürchte, du musst dir Notizen machen, um dir die Antworten zu merken«, antwortete sie amüsiert.

«Ist in deinem Leben in letzter Zeit so viel passiert?«

«Oh ja, du würdest nicht glauben, wie viel... Wenn ich anfange, alles zu erzählen, wird es dunkel«, antwortete sie mit einem Lächeln.

«Was hat dich am meisten beeindruckt?«, fragte er neugierig.

«Das Licht in der Dunkelheit, als ich mich schon fast aufgegeben hatte, vor allem als ich meine Träume verloren hatte und dachte, meine Träume würden mein Leben zerstören. Aber im Gegenteil, es war die Abwendung von Gott, die mein Leben zerstört hat und das ist mir mit der Zeit immer klarer geworden. Um in allen Bereichen deines Lebens erfolgreich zu sein, brauchst du nur eines: Jesus Christus, denn in ihm bekommen wir die Kraft, alle Aufgaben zu erfüllen, die Gott uns stellt.«

«Jetzt scheinst du auf dem richtigen Weg zu sein ... du hast also alles richtig gemacht«, grinste er.

«Wie kannst du sagen, dass ich alles richtig gemacht habe? Du kennst mich doch kaum....«

«Bei dir erkenne ich schon von weitem einen Mann, der geschäftstüchtig ist und eine gewisse spirituelle Veranlagung und Verbindung zu Gott hat. Ergänzte Viktoria.

«Die halbe Stadt gehört mir, aber das wissen die wenigsten, weil ich ein normales Leben führe und nicht auffalle. Sogar das Restaurant, in dem du manchmal arbeitest, gehört mir, die alte kranke Dame und ihre Tochter haben es von mir gepachtet.«

«Entschuldige, aber wenn du ein Geschäftsmann wärst, hättest du mich nicht gebraucht, um dein Haus zu verkaufen«, sagte sie verblüfft.

«Weil ich dich unbedingt kennen lernen wollte und weil ich schon aus drei Kilometern Entfernung sehen konnte, dass dein Talent für die kleinen Aufgaben in einem Restaurant verschwendet wird, hab ich dich engagiert. Im Leben geht es immer darum, Entscheidungen zu treffen und ich wollte dir zeigen, dass du mehr kannst, als nur Essen auf den Tisch zu bringen... Du bist gefallen? Aber jetzt steh auf und geh, denn du bist zu mehr geschaffen!«

Dieser Mann, der praktisch vom Himmel gefallen war, war nicht nur äußerlich schön, sondern schien auch innerlich schön zu sein. Welche Rolle spielte er in Viktorias Leben? Ihr Gesellschaft zu leisten, sie verführen oder ihr helfen, ihr Geschäft aufzubauen und ihr Selbstvertrauen zurückzugewinnen?

Nun, Viktoria hat, wie viele von uns, in der Vergangenheit nicht immer die richtigen Entscheidungen getroffen. In dunklen Zeiten zweifelte sie oft an sich und ihrer Arbeit, was dazu führte, dass sie die Selbständigkeit ablehnte und sich die Zeit nahm, darüber nachzudenken, ob es wirklich richtig war, nach Erfolg zu streben und selbständig zu arbeiten. Während dieser Zeit arbeitete sie in Gelegenheitsjobs und wartete auf eine Botschaft von innen, bevor sie die Entscheidung traf, eine Immobilienagentur in der Schweiz zu gründen.

Da ihre Freundin Annika ihre Entscheidung nicht nachvollziehen konnte, setzte sie sie schließlich unter Druck und die Freundschaft zerbrach.

Wie sehr beeinflusst die Meinung anderer unser Leben?
Warum sagt uns die Gesellschaft, dass Erfolg mit Macht, Geld und Materialismus zu tun hat? Dabei war gerade Robert der Beweis für eine gesunde Art, Erfolg zu erleben. Ihm gehörte die halbe Stadt und er war ein Mann Gottes, der Gottesfurcht hatte, Jesus Christus liebte und jeden Sonn- und Feiertag leidenschaftlich das Wort Gottes verkündete.

Wenn wir darüber nachdenken, wie Robert Erfolg erlebt hat, können wir zu dem Schluss kommen, dass Erfolg so viele Gesichter hat, wie es Menschen auf der Welt gibt. Es ist ein subjektives Konzept, denn jeder von uns hat seine eigene Vorstellung von Erfolg, davon, was im Leben wichtig ist und wie man ihn erreicht. Die Gesellschaft sagt uns, dass wir hart arbeiten, ausdauernd und sogar ehrgeizig sein müssen, um ihn zu erreichen. In gewisser Weise wird Erfolg mit Macht, Geld und Materialismus in Verbindung gebracht. Nur wenige wissen, dass das Wissen um den eigenen Geist als Führungsfaktor zu mühelosem Erfolg führt, denn Spiritualität ist im Geschäftsleben notwendig.
Die moderne Führungsrolle besteht in der Fähigkeit, innovativ zu sein und zu bleiben, ein leistungsstarker Motor in einer immer komplexeren, stressigen und manchmal feindseligen Welt zu sein und gleichzeitig ein positives und stimulierendes Klima für sich selbst, seine Mitarbeiter, seine Familienmitglieder und ganz allgemein für die Menschen um uns herum zu schaffen.
Um dieses Gleichgewicht zu schaffen und aufrechtzuerhalten, ist das Schlüsselelement der Führung die Fähigkeit, den eigenen inneren Kompass zu steuern.

Ist es also möglich, Business und Spiritualität zu verbinden, um wieder in Kontakt mit sich selbst zu kommen?

Unsere Kultur verleitet uns unweigerlich zu der Annahme, dass ein Mann oder eine Frau im Geschäftsleben sich nur auf das Geschäft und die Arbeit konzentrieren sollte, um Geld und Umsatz zu erwirtschaften, denn das ist notwendig, damit wir es uns leisten können, uns zu ernähren, ein Haus und ein Auto zu haben, in den Urlaub zu fahren und, ja, uns ab und zu sogar etwas Luxus zu gönnen. Spirituell zu sein bedeutet jedoch, mit der eigenen Seele in Kontakt zu kommen, die frei ist und keinen Zwängen unterliegt. Obwohl wir dies in vielen verschiedenen Dingen suchen, gibt es nur eines, was unser Herz befriedigen kann: eine enge Beziehung zu Jesus Christus. Die konsequente Pflege der eigenen Spiritualität ist unerlässlich, um ruhig, zentriert und geerdet zu bleiben, was auch immer in unserem Leben und in unseren Unternehmungen geschieht: Es ist ein wesentlicher Teil, dem man Aufmerksamkeit schenken muss, wenn man Erfolg haben will, ohne sich zu verzetteln, aber es kann sehr schwierig sein, dies zu tun, wenn man nicht weiß, wo man anfangen soll, wenn man Vorurteile gegenüber der Spiritualität hat oder wenn man in einem sehr schnellen Leben lebt und sich jeden Tag durch tausend Verpflichtungen quält. Die eigene Spiritualität zu pflegen bedeutet, ein zufriedenes Herz zu haben. Ein biblischer Ausdruck für ein zufriedenes Herz ist Freude. Wahre Freude bedeutet, ein wirklich zufriedenes Herz zu haben.
Wie oft glauben wir die Lüge, dass etwas anderes als Christus unser Herz befriedigen kann und diese Lüge führt dazu, dass wir Christus vernachlässigen! Solange wir anderswo Befriedigung suchen, werden wir niemals in Christus zufrieden sein. Erst wenn wir Christus als unseren einzigen Schatz anerkennen, wird unser Herz wirklich zufrieden sein.

Wir sind oft davon überzeugt, dass Erfolg und Spiritualität weit voneinander entfernte Erfahrungen sind. Und dieser Glaube hält uns vom Erfolg fern, weil wir glauben, dass Erfolg uns von der Spiritualität fernhält. In Wirklichkeit könnte Erfolg als das weit verbreitete Gefühl der Zufriedenheit beschrieben werden, welches man erfährt, wenn man so ist, wie man ist und das tut, was man in seinem Herzen fühlt.

Nachdem Viktoria alles verloren hatte, weil sie glaubte, der Erfolg sei die Ursache für den Zusammenbruch ihrer Familie und ihrer Gesundheit, nahm sie sich eine Auszeit von allem, gerade in der dunkelsten Zeit ihres Lebens und erkannte, dass sie eine toxische Arbeitskultur entwickelt hatte, dass das Problem nicht der Erfolg war, sondern die unangemessene Nutzung des Erfolgs und der Verlust der Verbindung zu sich selbst, der spirituellen Verbindung, der Verbindung zu Gott.

Der Herr selbst geht vor dir her. Er ist mit dir. Er wird dich nicht verlassen, er wird dich nicht verlassen. Dtn 31,8'

Dieser wunderbare Vers macht uns klar, dass Gott seine Kinder in der Stunde des Sturms, wenn wir geschlagen sind und mit hängenden Köpfen gehen, niemals im Stich lässt, dass unser Gott kein aufdringlicher Gott ist. Auch wenn er den Grund der Enttäuschung schon kennt, lässt er uns Zeit, die Tiefe der Bitterkeit auszuloten, die uns ergriffen hat. Das Ergebnis ist ein Bekenntnis, das ein Refrain der menschlichen Existenz ist: „Wir hofften...", „aber...". Wie viele Traurigkeiten, wie viele Niederlagen, wie viele Misserfolge gibt es im Leben eines jeden Menschen! Wie oft im Leben haben wir gehofft, wie oft hatten wir das Gefühl, einen Schritt vom Glück entfernt zu sein und sind dann enttäuscht zu Boden gefallen. Aber Jesus geht mit all diesen entmutigten Menschen, die mit gesenktem Kopf gehen. Und indem er unauffällig mit ihnen geht, gibt er ihnen die Hoffnung zurück, denn es gibt kein Leiden ohne Auferstehung, wie Jesus selbst uns bezeugt hat. Und jedes Mal, wenn wir nach einem Sturz aufstehen oder wenn wir versuchen, die Gefallenen aufzurichten, sind wir eins mit dem, der aufstand, nachdem er gekreuzigt worden war: Jesus Christus.

Wenn du keinen Ausweg mehr siehst, rufe mich zu Hilfe! Ich will dich erretten und du sollst mich preisen. Psalm 50,15

Im geistlichen Leben kommt es darauf an, nicht mit dem Herzen an Schwächen festzuhalten, sondern immer wieder neu anzufangen, das eigene Elend zu überwinden und Mutlosigkeit zu besiegen. So begann bei Viktoria der christliche Optimismus, als sie, das Drama ihrer geistlichen Schwäche spürte, sich dem Verständnis und dem Staunen öffnete, dass Gott trotz ihrer Schwächen den Mut hatte, sie zu   lieben.

Leider führt der radikal gute, aber durch die Sünde gebundene Mensch ein Doppelleben und eine doppelte Buchführung: Als Zuschauer wird er Zeuge dessen, wozu er fähig wird: Er wird sich seiner Schwäche bewusst, er erfährt die Herrschaft des „Starken", der ihn bindet. Er erfährt aber auch eine innere Lebendigkeit, wenn er sich mit seinem Bösen nicht abfindet und zum Erlöser schreit, damit er, der „Stärkere", ihn befreit und zum inneren Frieden zurückführt. Dann ist er nicht mehr gelähmt, sondern verwandelt und verkündet anderen die Botschaft, dass es möglich ist, geheilt zu werden, ein vergebener Sünder zu sein und zu einem neuen Leben aufzuerstehen.

Der heilige Bernhard empfahl: „Vergiss nicht, von Zeit zu Zeit zur Besinnung zu kommen" und der deutsche Schriftsteller Goethe sagte: „Unser größter Ruhm besteht nicht darin, dass wir nie fallen, sondern dass wir nach jedem Fall immer wieder aufstehen".

Es ist schwer, sich zu verzeihen, wenn man wieder hinfällt, es ist schwer, mit seinen Fehlern zu leben, aber es gibt keine Abkürzungen auf dem Weg zu Reife und Bewusstsein. Man ist erst dann ein reifer Mensch, wenn man auch seine eigenen Fehler akzeptiert.

Es gibt in uns ein angeborenes Bedürfnis nach dem Richtigen, dem Wahren, dem Guten; und wenn wir in unserem Verhalten von diesen Bahnen abweichen, empfinden wir ein tiefes Unbehagen.

Gott gibt uns die Freiheit, das Böse und das Leiden in uns zu tragen. Aber jede menschliche Initiative wird mit einer wunderbaren göttlichen Erfindung beantwortet. Der Vater, voller Zärtlichkeit und Barmherzigkeit, kann aus einem Sturz einen „glücklichen Irrtum" machen, der uns die Großzügigkeit seiner Vergebung vor Augen führt.

Von moralischen Krankheiten erholen wir uns nur allmählich. Für viele Menschen bedarf es einer „guten Karriere" der Sünde und der Vergebung, bevor der Ruck eines inneren Erdbebens kommt, der sie im freudigen Schoß des barmherzigen Vaters „stabilisieren" kann. Aber es lohnt sich zu wiederholen: Was zählt, ist der gute Wille, der aufrichtige Wunsch, sich trotz allem zu bessern.

Das christliche Leben ist ein geistlicher Sport (2 Tim 4,7), es ist ein Leben in der Nachfolge Jesu (Mt 16,24).

Es ist nie zu spät, ein gutes Leben in Frieden und innerer Freiheit zu führen. Nichts ist endgültig verloren und Gott wartet immer darauf, dass wir uns entscheiden, mit ihm zusammenzuarbeiten, um unser Leben zu einem lebendigen Meisterwerk seiner Gnade zu machen. Hören wir also auf, uns über unser wiederholtes Versagen zu ärgern und es an Gott und uns selbst auszulassen. Wir brauchen nur in den Ozean der göttlichen Barmherzigkeit einzutauchen, um uns mit unserem Dichter als „neue Pflanzen mit neuen Wedeln" zu fühlen.

«Wo sind wir?«, fragte Viktoria, als Robert vor einer Halle stehen blieb.

«Ich möchte dir etwas zeigen«, antwortete er.

Als Viktoria den Raum betrat, sah sie zu ihrem Erstaunen ein Rednerpult, viele Stühle und Tafeln mit Botschaften und Bibelversen. Ihr Blick blieb besonders an einem Vers hängen;

Der Herr aber half mir. Er hat mir Kraft gegeben, dass ich auch an diesem Ort die rettende Botschaft von Jesus verkündigen konnte und Menschen aus aller Welt sie hörten. Er hat mich vor dem sicheren Tod bewahrt. Timotheus 4,17

«Ist das auch so etwas wie eine christliche Kirche?«, fragte sie ratlos.
«Nein, hier wird kein Gottesdienst gefeiert.«
«Aber was wird dann hier gemacht?«, hakte sie nach.
«Ich biete hier kostenlose Kurse in Spiritualität und Erfolgscoaching an. Dieser Raum gehört mir. Die Leute, die an den Kursen teilnehmen, müssen mich nicht bezahlen, aber sie müssen sich sozial engagieren, zum Beispiel für Obdachlose kochen. Siehst du das Fenster da? Da können sie sich ihr Essen abholen, wenn sie Schlange stehen.

Erstaunt und gerührt zugleich ging sie auf ihn zu und wollte ihn umarmen. Wortlos ließ er sie gewähren und zog sie in eine lange Umarmung.
«Warum tust du das?«, fragte sie.
«Dich umarmen?«, fragte er.
«Nein, anderen helfen ...«
«Weißt du, ich hatte nicht immer Erfolg, es war ein langer Weg voller Hindernisse und ich bin mehrmals hingefallen. Der letzte Sturz war so schlimm, dass ich dachte, ich könnte nie wieder aufstehen. Aber genau dieser Sturz war der Wendepunkt in meinem Leben«, erzählt er stolz.
«Steht deshalb der Vers aus Timotheus 4,17 so groß auf der Tafel?«

Schweigend nickte Robert mit dem Kopf.

Auf diese Weise machte Jesus Robert mit seinen Vorstellungen von Nächstenliebe und Barmherzigkeit vertraut.

In den Evangelien lesen wir, dass Jesus Christus regelmäßig gute Werke für die Armen und Bedürftigen tat. (Matthäus 14,14-21) Aber welches Werk hatte für ihn Vorrang? Einmal, nachdem er sich eine Zeit lang den Bedürftigen gewidmet hatte, sagte Jesus zu seinen Jüngern: „Lasst uns in die benachbarten Dörfer gehen, damit ich auch dort predigen kann. Warum hörte Jesus auf, den Kranken und Bedürftigen zu helfen und begann wieder zu predigen? Er selbst erklärte: "Denn dazu bin ich ausgegangen, zu predigen. (Markus 1,38.39; Lukas 4,43) Für Jesus war es wichtig, den Bedürftigen Gutes zu tun, aber seine Hauptaufgabe war es, vom Reich Gottes zu predigen. - Markus 1,14.

«Jesus fragte ihn: «Bist du durch die Verkündigung des Wortes und durch die Hilfe für die Schwachen unserem Herrn Jesus Christus dankbar, dass er dir geholfen hat, deine Ziele zu erreichen?
«Ja«, sagte er entschlossen.
«Und ich dachte, nur wir Frauen könnten auf die Idee kommen, Erfolg und Spiritualität zu verbinden ...«
«Anscheinend nicht, die Gruppe wird fast ausschließlich von Männern besucht, wir haben nur zwei Frauen unter uns.
Mit sich selbst wieder in Kontakt zu kommen und gleichzeitig Umsatz zu generieren, ist gar nicht so abwegig. Die Kultur verleitet uns oft zu der Annahme, dass Unternehmer oder Karrieremenschen sich nur und ausschließlich auf ihr Geschäft konzentrieren sollten, ohne der Spiritualität Raum zu geben, aber in Wirklichkeit sind Spiritualität und Geschäft keine Gegensätze, ganz im Gegenteil«, betonte er stolz.

Mit großer Neugier und Erstaunen hörte Viktoria zu, was Robert zu sagen hatte, denn schließlich war es die gleiche Erfahrung, die sie selbst gemacht hatte und als sie seine Worte richtig bewertete, wurde ihr klar, dass Erfolg und Spiritualität nichts damit zu tun haben, ein Mann oder eine Frau zu sein. In den letzten Jahren hat sich in der Tat die Vorstellung durchgesetzt, dass man „aus der Tiefe" kommen muss, um Unternehmen und Menschen zu führen und die Herausforderungen der Arbeit bestmöglich zu meistern. Die Geschäftswelt versucht, einen ganz anderen Ansatz zu entwickeln, bei dem die Spiritualität zu einem integralen Bestandteil des Unternehmens wird. Mit Spiritualität in der Wirtschaft ist sicher nicht die tägliche Meditation oder religiöse Rituale gemeint, sondern jede Aktivität, bei der Menschen mit ihrer Seele in Kontakt treten, um ihre Ziele zu erreichen. Viele Menschen haben nicht erkannt, dass das Wirtschaftsleben ausgeprägte Züge von Spiritualität in sich trägt und sehen es noch nicht als solches. Nehmen wir zum Beispiel das Thema Führung: Wie kann man eine Führungspersönlichkeit sein, wenn man nicht über alle Fähigkeiten verfügt, die zur Selbsterkenntnis führen? „Spiritualität verändert die Art, Geschäfte zu machen", sagen viele Führungskräfte und Unternehmer, die begonnen haben, diesen neuen Ansatz in ihrem Berufsleben zu kultivieren.

Um in der Arbeitswelt erfolgreich zu sein und einen klaren Fokus auf die Ziele zu haben, die man erreichen möchte, ist es unerlässlich, diese beiden Konzepte, die für viele ein Widerspruch sind, miteinander zu verbinden. Sobald man eine klare Vorstellung davon hat, wer man ist und was man aus eigener Kraft erreichen kann, nehmen die Dinge plötzlich eine andere Wendung und bewegen sich in die richtige Richtung.

Um ein erfolgreiches Unternehmen zu führen, muss man also bei sich selbst anfangen, um nicht nur das eigene Leben zu verbessern, sondern auch das der Menschen, die man trifft und mit denen man zusammenarbeitet.

Überfluss und Wohlstand werden in der Bibel immer wieder erwähnt und es liegt an uns, einen Weg zu finden, diesen dauerhaft zu leben und dabei unsere spirituelle Verbindung zu bewahren.

„Es wird Korn im Überfluss auf der Erde geben. Unter der Herrschaft von Jesus Christus wird es Wohlstand und Überfluss im materiellen

Sinne geben. Es wird keine Nahrungsmittelknappheit und keine Hungersnöte geben.

Wenn wir nur an den Wirbelsturm von Emotionen und widersprüchlichen Gefühlen denken, den die Worte Erfolg und Geld bei den meisten Menschen auslösen, dann ist es fast selbstverständlich, dass wir eine Art „Hassliebe" für den Erfolg empfinden. Warum gibt es Menschen, die Erfolgsmenschen hassen und warum erreichen sie denselben Erfolg in der Regel nicht?
Wenn jemand jemanden hasst, der besser ist als er selbst, möchte er unbewusst auch so sein, weiß aber, dass er es nie sein wird und fängt an, diese Person zu kritisieren, zu verspotten und zu „hassen", weil er sich selbst hasst. Wir müssen lernen, andere, die besser sind als wir, zu loben und uns selbst zu verbessern, indem wir vielleicht ein wenig von ihnen lernen, anstatt sie zu kritisieren. Wir müssen Jesus bitten, uns Mut zu machen, uns zu helfen, den göttlichen Plan zu verstehen, den er für jeden von uns hat, denn er gibt uns alle Werkzeuge, um unser Leben von Grund auf zu verändern und wahren materiellen und spirituellen Erfolg zu erlangen.

«Grüzi, wir sind in Zürich angekommen«, begrüßte Luka fröhlich am anderen Ende der Leitung.

«Toll, ihr sprecht ja sogar den Schweizer Dialekt, wie ich gerade gehört habe«, machte sich Viktoria über die Aussprache des Wortes lustig.
«Na ja, es klingt komisch und ist für uns schwer zu verstehen, aber wir werden uns daran gewöhnen, weil es uns hier so gut gefällt. Zürich hat eine der schönsten Altstädte, die ich je gesehen habe und dann ist da noch der wunderschöne See, das Wasser ist blau wie das Meer und nicht braun oder grün wie in Deutschland. Es ist wie auf einem anderen Planeten...«

«Dann kann ich es kaum erwarten, meinen Wohnsitz zu verlegen und ein wunderbares neues Leben in einem völlig neuen Land zu beginnen«, rief Viktoria euphorisch.

«Aber was ist mit Robert? Seid ihr schon verliebt?«, fragte Marko neugierig.

«Naja, es ist noch ein bisschen früh, um von Liebe zu sprechen, aber ich mag ihn wirklich als Mensch und würde ihn gerne weiter kennenlernen...«

Viktoria scheint eine lebensverändernde Begegnung mit Christus zu erleben, die alle Bereiche ihres Lebens erfasst, ihr geistliches Leben, das Leben ihrer Kinder, ihre Arbeit und offenbar auch ihr Gefühlsleben, denn jede Geschichte beginnt mit einer Begegnung, die, auch wenn sie zufällig erscheint, immer irgendwie vorbereitet ist. Auch die Heilige Schrift ist voll von solchen Zufällen.
Die Geschichte des Evangeliums ist das großartige Zeugnis eines Jüngers Jesu, der erkennt, dass sein Leben das Werk Gottes ist, der Beziehungen der Liebe knüpft und je mehr er im Leben der Menschen gegenwärtig ist, desto mehr sind sie miteinander verbunden. Es ist kein Zufall, dass der Evangelist Johannes das Bild des aus einem Stück gewebten Gewandes Jesu verwendet, um die Einheit, Integrität und Kompaktheit der christlichen Gemeinschaft zu veranschaulichen. Denn obwohl sie aus zerbrechlichen und unzulänglichen Menschen besteht, ist sie doch wie ein Netz, das die Schar der zum Glauben Berufenen zusammenhält, weil sie nicht nach dem Zufallsprinzip oder aus Eigennutz handeln, sondern weil sie sich vom Wort Gottes leiten lassen.

Der erste Schritt, um diese Beziehung zu knüpfen, besteht darin, auf die Zeugen und Lehrer des Lebens zu hören. Der Täufer ist für die beiden Jünger ein Wegbegleiter, der die Sehnsucht in ihren Herzen weckt und sie durch sein Zeugnis zu Entscheidungen anregt, die in die Richtung der Hoffnung weisen. Die Lehre besteht nicht aus einer Reihe von Begriffen, die gelernt werden müssen, sondern sie ist insofern wirksam, als dass sie den Jünger darauf vorbereitet, seine Entscheidungen zu treffen, die immer auch bedeuten, etwas aufzugeben. Der Täufer ist ein Beispiel für einen Erzieher im Glauben, weil er das „Loslassen" über seine Lehre und seine Person hinaus vorbereitet und ermöglicht, um Jesus zu begegnen und ihn persönlich kennen zu lernen.

Die Beziehung vertieft sich in dem Maße, in dem man vom „Hören" zum „Gehen und Sehen" übergeht, d.h. in dem Maße, in dem man Lebensentscheidungen trifft, die in die Richtung gehen, sich selbst immer mehr und immer tiefer kennen zu lernen. Unsere Lebensgeschichte, so scheint uns der Evangelist zu sagen, kann nicht von unserer Beziehung zu Jesus getrennt werden, so wie die Fäden des Schusses nicht zusammengehalten werden könnten, wenn die Fäden der Kette nicht zahlreich und dicht wären. Der Apostel Andreas bezeugt, dass die Nachfolge Jesu, der direkte Dialog mit ihm, die Vertrautheit mit ihm nicht bedeutet, seine Vergangenheit und seine Herkunft zu verraten oder zu verleugnen, sondern sie zu schätzen. Die frohe Botschaft, die er seinem Bruder Simon bringt, bedeutet, dass der Glaube uns nicht isoliert oder in kleine, auf sich selbst bezogene Gruppen einsperrt. Im Gegenteil, er drängt uns dazu, in der Gemeinschaft, in der wir leben, oder in der Familie, zu der wir gehören, missionarisch zu sein. Der Glaube drängt uns, in unserem Umfeld zu leben, indem wir die persönliche Begegnung mit Christus durch Worte und Gesten der Liebe weitergeben.

Das Ziel jeder Mission ist die unmittelbare Begegnung mit Jesus, wie sie Simon widerfuhr, die das Leben wirklich verändert, es nicht leichter, aber sicher glücklicher macht. Simon wird zu Petrus, wenn er sich innerlich sehen lässt, das heißt, wenn er sich lieben lässt und den Blick Jesu empfängt, der ihn nicht in seinem Elend festnagelt, sondern ihm seine hohe Berufung offenbart: seinen Brüdern Stütze zu sein und sie im Glauben zu stärken durch seine bedingungslose Liebe zu Jesus. Der Stein ist nutzlos, wenn er allein bleibt, aber er ist nützlich, wenn er zusammen mit den anderen lebendig wird, denn er baut den heiligen Tempel Gottes, die Kirche. Petrus muss sich von Jesus lieben lassen und nur dann kann er wirklich der Erste sein, der die Initiative ergreift und in der Kirche den Primat der Nächstenliebe ausübt, der die Vielfalt der Unterschiede zur Einheit zusammenführt.

Wie aber führt uns Gott zur Entscheidung?
Nun, Gott führt uns zunächst zu einer wichtigen Entscheidung, nämlich zu einem JA zu Jesus. Die erste Offenbarung, die wir haben sollten, ist, dass Jesus der Herr und Retter des Lebens jedes Menschen auf Erden ist. Jesus kam, um zu leiden, zu sterben und wieder aufzuerstehen, um allen, die ihn in ihr Herz aufnehmen, Leben zu schenken. Die Offenbarung ist wie eine Treppe, die immer weiter nach oben führt. Wenn du in der Offenbarung stehen bleibst, bleibst du in der Entwicklung deines geistlichen Lebens stehen. Aber wenn du lernst, in der Offenbarung zu gehen, wirst du lernen, dass es viele gute Dinge gibt, auf denen dein Name geschrieben steht. Gott hat schon Dinge für uns vorbereitet, die wir nie wissen werden, bis wir eine Offenbarung des Heiligen Geistes haben; Gott hat schon Dinge für uns vorbereitet, nicht nur für einen Tag, nicht nur für einen Sonntag, nicht nur für einen Monat, nicht nur für ein Jahr, sondern für eine lange Zeit und für die Ewigkeit.
Nur die Begegnung mit Jesus verändert unser Herz, nur wenn wir Jesus begegnen, der, wenn er in unser Leben tritt, „alles verändert", werden wir Christen und verkünden mit Leidenschaft das Wort Gottes. Denn „der Einzige, der Herzen verändern kann, ist der Heilige Geist", der uns auch von der Tücke befreit, nach eigenem Gutdünken die Abstraktion eines „Christentums ohne Christus" aufzubauen. Denn was Leben rettet, Herzen verändert und glücklich

macht, ist nicht „die Idee von Christus", sondern Christus selbst und das Wirken seiner Gnade.

Die Veränderung des Herzens und des Lebens ist das große Zeichen des Wirkens Christi in uns. Die Verwandlung, die uns zu einer „neuen Kreatur" macht. Denn was alles verändert, ist nicht eine Idee, sondern das wirkliche Leben, wie Paulus selbst sagt: 'Wer in Christus ist, der ist eine neue Kreatur. Kor 5,17.

Jesus hilft uns, erfolgreich zu sein, aber wie steht er zum Thema Geld?

Nun, Jesus weiß um die Bedeutung des Geldes im täglichen Leben, wie viele seiner Gleichnisse zeigen. Außerdem erwähnt das Johannesevangelium, dass Jesus und seine Jünger einen gemeinsamen Geldbeutel hatten (Joh 12,6; 13,29) und Lukas spricht von den Frauen, die Jesus und den Zwölfen folgten und ihnen „mit ihrem Besitz dienten" (Lk 8,3). Jesus verachtet das Geld nicht. Geld an sich ist weder gut noch schlecht, es kommt immer auf die Menschen an, was sie damit machen.

Ist Geld ein notwendiges Übel?
Nein! Geld ist ein von Gott gegebenes Mittel, das in den Dienst aller gestellt ist. Wer das Geld verachtet, verachtet diejenigen, die es zum Leben brauchen. Geld als notwendiges Übel zu tolerieren, bedeutet, das eigene geistliche Leben von der fleischlichen Dimension abzuschneiden. Wir müssen uns vor einer falschen Spiritualität hüten, die sich weigert, sich in allen Aspekten des menschlichen Lebens zu inkarnieren! Wir können nicht so tun, als gäbe es das Geld nicht. Im Gegenteil, wir müssen es als einen Ort sehen, an den Gott uns ruft, um unseren Brüdern und Schwestern zu dienen. Denn Geld zu verachten oder zu vergöttern ist dasselbe, denn in beiden Fällen stellen wir es nicht an den richtigen Platz und vernachlässigen unsere tiefe Berufung, Gott und unseren Brüdern und Schwestern mit den

Mitteln zu dienen, die er uns gibt. In beiden Fällen gibt es eine Trennung zwischen unserem geistlichen Leben und unserem täglichen Leben: auf der einen Seite Gott, auf der anderen Seite das Geld in seinen verschiedenen Kontexten (Familie, Gesellschaft).

Echtes geistliches Leben darf uns nicht von unseren konkreten Pflichten ablenken. Dazu gehört auch der Umgang mit Geld.

Allerdings ist Jesus in der Frage des Reichtums sehr streng und sehr klar. Ihr könnt nicht Gott dienen und dem Mammon. Letzteres ist ein aramäisches Wort für Reichtum mit einer sehr negativen, teuflischen Konnotation: der unversöhnliche Gegensatz zwischen Gott und Reichtum und der unwiderrufliche Bund zwischen Gott und den Armen; Jesus selbst ist dieser Bund. Diese beiden Prinzipien implizieren, dass Gott und die Armen in Jesus einen Pakt gegen ihren gemeinsamen Feind, den Mammon, geschlossen haben. Dies rechtfertigt die Schlussfolgerung, dass Spiritualität für Jesus wie für seine Jünger 'nicht ein Kampf gegen die Armut, sondern ein Kampf für die Armen' ist.

«Wie viele Erfolge hast du diese Woche schon gezählt?«, fragte Robert, als Viktoria die erste Wohnung für den Architekten verkauft hatte.

«Lass mich zählen ... Ich glaube, es geht schneller, wenn ich einfach Jesus für mein ganzes Leben danke«.

«Gelobt sei Gott, weil er Leben verändert«, rief Robert.

Kapitel 11   Der Sieg durch Jesus Christus

'Suche dein Glück beim Herrn: Er wird dir jeden Wunsch erfüllen. Psalm 37,4'

Wer über das Wünschen nachdenkt, sagt die Bibel, wird grün wie ein Baum, der am Wasser wurzelt.

Gott sprach zu Salomo: Bitte von mir, was du willst. Und Salomo sprach zu Gott: Du hast große Barmherzigkeit an meinem Vater David getan und hast mich an seiner Statt zum König gemacht; so lass nun, Herr Gott, deine Worte an meinem Vater David sich erfüllen; denn du hast mich zum König gemacht über ein Volk, das so zahlreich ist wie der Staub auf Erden.
So gib mir nun Weisheit und Erkenntnis, dass ich vor diesem Volk aus- und einziehe; denn wer kann dein großes Volk richten? Und Gott sprach zu Salomo: Weil du solches gedenkst und hast nicht gebeten um Reichtum, noch um Gut, noch um Ehre, noch um deiner Feinde Seelen, noch um langes Leben, sondern um Weisheit und Erkenntnis, mein Volk zu richten, über das ich dich zum König gemacht habe; so gebe ich dir Weisheit und Erkenntnis; dazu will ich dir Reichtum, Gut und Ehre geben, wie sie unter den Königen vor dir nicht gewesen sind und wie sie nach dir nicht mehr sein werden. 2. Chronik 1,7-12.

Wenn wir diese Zeilen aus der Heiligen Schrift lesen, wird uns sofort klar, dass Gott Salomo nicht aus irgendeinem Grund beruft, sondern um gemeinsam zu versuchen, seinen Wunsch zu erfüllen und er gibt ihm viel mehr, als er sich gewünscht hat, weil Gottes Wünsche für uns besser sind als unsere Wünsche.

Im Wettbewerb des Lebens können wir fest, unbeweglich und erfolgreich sein, weil wir den endgültigen Sieg durch unseren Herrn Jesus Christus haben.

Was Gott durch die Geburt Jesu Christi, sein sündloses Leben, seinen Tod, seine Auferstehung und seine Himmelfahrt vollbracht hat, befähigt uns, in jeder Situation siegreich zu sein. Gehe also in dein Herz, erkenne deine Gefühle und Wünsche und wünsche dir Jesus Christus in deinem Leben, denn Jesus ist der einzige Weg zum Glück. Die erste Begegnung mit Jesus Christus von Nazareth berührt unweigerlich unsere Sehnsüchte und sie berührt unweigerlich unsere Wünsche, wenn es eine echte Begegnung ist!

Um siegreich zu leben, um unsere Genüge zu beanspruchen, ziehen wir die Gedanken des Wortes Gottes an und wandeln mit Glauben in ihnen. Unser Kampf findet in unserem Geist gegen die geistlichen Mächte statt, die von Christus bereits besiegt wurden. Wir müssen nur erkennen, dass wir sind, was das Wort Gottes sagt, dass wir sind; dass wir haben, was das Wort Gottes sagt, dass wir haben; und dass wir sein werden, was das Wort Gottes sagt, dass wir sein werden.
Aber inmitten all dessen überwinden wir als Überwinder durch den, der uns so sehr geliebt hat. Römer 8,37'.

Um Überwinder zu sein, müssen wir die absolute Gewissheit der Liebe Gottes haben, denn was auch immer unsere Umstände sein mögen, kein Leid der Gegenwart kann uns von der Liebe Gottes trennen. Das allein macht uns zu Siegern.
Fast auf jeder Seite der Bibel begegnen wir Menschen, die sich über Jesus wundern: Woher kommt er, wie kann er mit solcher Vollmacht lehren, woher nimmt er seine Kraft, warum wirkt er Wunder, warum scheint er gegen die Tradition zu verstoßen, warum lehnen ihn die Autoritäten ab? Das sind Fragen, die damals gestellt wurden und heute noch gestellt werden.

Jesus hat während seines Erdenlebens mit der Kraft und dem Geist Gottes in sich gewirkt (Lk 4,18-21) und darüber hinaus versprochen, den Geist nach seiner Auferstehung und Verherrlichung in Gemeinschaft mit dem Vater zu senden (Joh 14,16 u.a.). Als die Apostel am Pfingsttag den Heiligen Geist empfingen, erkannten sie, dass Jesus seine Verheißung vom Himmel her erfüllt hatte und sie erlebten seine verwandelnde Kraft. Der Heilige Geist ist bis heute die Seele der Kirche. Die christliche Botschaft umfasst also den Heiligen Geist, den wahren Gott und die dritte Person der Heiligen Dreifaltigkeit. Die christliche Botschaft verkündet in den Worten Jesu Christi den wahren Gott.

Jesus hat diesen symbolischen Ausdruck mit Inhalt gefüllt, indem er auf die Gegenwart Gottes in der menschlichen Geschichte und am Ende dieser Geschichte und auf die Vereinigung Gottes mit dem Menschen hinweist. Jesus verkündet, dass das Reich Gottes durch seine Gegenwart unter den Menschen und durch sein befreiendes Wirken von der Macht des Teufels und des Bösen bereits angebrochen ist (Mt 12,28).

Also bitten wir Jesus, in unser Herz zu kommen, denn Christus nachzufolgen, ihn zu lieben und zu verkörpern, bedeutet Freude, Sieg, Liebe, Reinheit, Heiligkeit, Mut und ein Gefühl tiefer Freiheit. Das ist Christus. Das ist der lebendige Christus. Das ist Christsein. Es bedeutet, die Liebe, die Christus ist und sein Leiden, das er aus Liebe darbringt, fruchtbar werden zu lassen. Das ist das Aufblühen der Liebe, das Aufblühen des Lebens, zu dem Jesus uns einlädt, ihm hier im Neuen Jerusalem zu begegnen, um in Christus, mit Christus und für Christus zu neuem Leben geboren zu werden, um das Kreuz des Sieges, das Kreuz des Goldes, das Kreuz des Lichtes zu umarmen, jenes Kreuz, das die Welt erleuchtet, das die Finsternis besiegt und Frieden, Freude und Liebe schenkt, das jede Lüge entlarvt und zerbricht, damit alle in der Wahrheit leben können, in der einen Wahrheit, die rettet, die bewusst und frei macht, als Brüder im

Bruder Jesus, der mit den Waffen der Demut und der Sanftmut, der Beharrlichkeit und der Liebe den Stolz und die Arroganz dieser Welt besiegt hat, um allen das Leben, das Leben zu geben, damit alle das Leben haben und es in Fülle haben.

«Und, hast du dir mit dem Geld aus dem Immobilienverkauf schon etwas Schönes gegönnt?«, fragte Marko.

«Nein, ich spare für das, was ich mir seit fast dreißig Jahren wünsche, einen Bauernhof mit viel Land und eigenen Tieren«, sagte Viktoria entschlossen.

«Es ist unglaublich, wie viel Ausdauer du hast ...«, staunte Marko.

«Was die feine und starke göttliche Kraft nicht alles bewirken kann?«

«Vielleicht möchte Robert dir unter die Arme greifen und dir helfen, deinen Traum zu verwirklichen, er scheint ein netter Kerl zu sein. Weißt du, irgendwo in der Bibel habe ich gelesen: Wenn eine christliche Frau einen Mann sucht, soll sie einen Mann 'nach dem Herzen Gottes' suchen.(Apostelgeschichte 13,22)Vielleicht ist Robert ein solcher Mensch.

«Es freut mich, dass du so positiv über Robert denkst. Ich glaube, er ist ein selten guter Mensch. Ihm scheint die Gabe der Weisheit und der Erkenntnis der Lehre gegeben worden zu sein, die besondere Fähigkeit, die Wahrheiten des Wortes Gottes zu erklären und zu bezeugen«, sagte sie stolz.

«Wenn der Herr ihn auf diese Weise belohnt, muss er doch ein sündloses Leben geführt haben, oder?«

«Wenn wir sagen, dass wir ohne Sünde sind, betrügen wir uns selbst und die Wahrheit ist nicht in uns. Jesus fordert uns manchmal heraus und bittet uns, etwas Außergewöhnliches zu tun, etwas, das die Grenzen des Gewöhnlichen überschreitet...«.

«Hörst du immer noch diese Stimme in dir, die dich führt, auch jetzt, wo du wieder Erfolg hast? Ich glaube, das habe ich von dir geerbt, denn ich beginne ähnliche Erfahrungen zu machen«, fragte Marko.

«Die Stimme Gottes zu hören ist nicht etwas, das man erbt, sondern etwas, das man erfährt, wenn man ihn in sein Herz aufnimmt. Was mich betrifft, so höre ich immer seine Stimme, ich spüre seine Gegenwart in mir und in allem, was ich tue, auch wenn ich erfolgreich bin und je erfolgreicher ich bin, desto mehr möchte ich seine Stimme hören und desto mehr möchte ich, dass er bei mir ist, denn er ist mein Erfolg!

Sobald wir verstehen, was Jesus Christus für uns tut, wird er zur wichtigsten Person in unserem Leben.
Wenn du jemals eine Naturkatastrophe erlebt hast, wenn du jemals das Ziel grausamen Klatsches warst, wenn du jemals eine Prüfung erlebt hast, die dein Leben verändert hat, wenn du jemals mit einem Freund gestritten hast oder wenn du jemals das Recht verteidigen musstest, dann weißt du, dass du den Frieden des Herrn brauchst. Den Frieden Jesu Christi - der die wütenden Stürme der Welt zum Verstummen bringt.
Nur der Glaube an ihn lässt uns die Welt überwinden.

Was aber ist Glaube? Er ist die völlige Hingabe des Verstandes an die göttliche Wahrheit.
Als Gott seinen Sohn offenbarte, sagte er zu uns: „Hört auf ihn" (Mt 17,5); und Christus seinerseits: „Ich bin der einzige Sohn Gottes; und was ich von den ewigen Geheimnissen weiß, das offenbare ich euch;

mein Wort ist unfehlbar, denn ich bin die Wahrheit" (Mt 11,27; Joh 14,6). Indem wir das Zeugnis Jesu annehmen und jedem seiner Worte, jeder seiner Äußerungen die Zustimmung der Vernunft geben, vollziehen wir einen Akt des Glaubens.

Aber es muss ein ganzheitlicher Glaube sein, der sich in seinem Gegenstand auf alles erstreckt, was Jesus Christus gesagt und getan hat: Wir müssen nicht nur an seine Worte glauben, sondern auch an die Göttlichkeit seiner Sendung, an den unendlichen Wert seiner Verdienste und seiner Vollendung: Unser Glaube muss den ganzen Christus umfassen. Wenn er noch lebt und brennt, wirft er uns Jesus zu Füßen, um seinen ganzen Willen zu erfüllen; er zieht uns in seine Nähe, um uns nie mehr zu verlassen: das ist der vollkommene Glaube, der sich in Hoffnung und Liebe ausbreitet.

Glaube und Beharrlichkeit sind die wesentliche Mischung, die uns zum Erfolg führt, um die Welt zu überwinden, wie Jesus sagte; 'Habt Mut! Ich habe die Welt überwunden. Johannes 16,33'

Was meinte er mit dieser mutigen Aussage? Er meinte unter anderem: „Das Böse in der Welt hat mich nicht verbittert und nicht zur Rache getrieben. Ich habe mich von der Welt nicht nach ihrem Bilde formen lassen.

Das gilt für uns alle! Seid keine Vorbilder für das Böse in der Welt, bleibt euren Werten treu, denn euren Werten treu zu bleiben bedeutet, sich selbst und unserem Gott treu zu bleiben.

Wer kann leugnen, dass die heutige Welt voller Bösem ist? Wie reagieren wir auf Ungerechtigkeit und sinnlose Gewalt? Macht uns das wütend oder verleitet es uns, nachtragend zu sein? Wie wirkt sich der moralische Verfall um uns herum auf uns aus? Wenn wir dann noch menschliche Unzulänglichkeiten und sündhafte Neigungen hinzufügen, müssen wir einen Kampf an zwei Fronten führen: gegen die böse Welt da draußen und gegen die bösen

Neigungen in uns selbst. Können wir wirklich hoffen, ohne Gottes Hilfe siegreich aus diesem Kampf hervorzugehen? Wie können wir seine Hilfe in Anspruch nehmen? Welche Eigenschaften müssen wir entwickeln, um die Kraft zu haben, die fleischlichen Neigungen zu bekämpfen? Um die Antworten zu finden, sollten wir darauf achten, was Jesus seinen geliebten Jüngern am letzten Tag seines irdischen Lebens lehrte.

Jesus lehrt die Wahrheit!

'Einmal, nachdem eine große Zahl von Menschen beschlossen hatte, ihm nicht mehr zu folgen, fragte Jesus die zwölf Apostel: „Wollt ihr nicht auch weggehen?" Petrus antwortete: „Herr, zu wem sollten wir gehen? Du hast Worte des ewigen Lebens" (Johannes 6:67-68).

«Sag mal, wie viele Jahre bist du schon erfolgreicher Unternehmer?«, fragte Viktoria Robert, während sie auf die Kursteilnehmer warteten.

«Nun, die unternehmerische Ader wurde mir in die Wiege gelegt, aber eigentlich habe ich mich erst in den letzten zehn Jahren zum Unternehmer entwickelt.«

«Weißt du, zehn Jahre sind eine sehr kurze Zeit, wenn man bedenkt, was du erreicht hast. In fünf Jahren habe ich nicht einmal ein Viertel von dem aufgebaut, was du hast und in zwei Jahren habe ich es wieder verloren. Wie erklärst du dir, dass du trotz des emotionalen Stresses, den die Scheidung verursacht hat, in allem stabil geblieben bist?«, fragte Viktoria ohne nachzudenken.

«Du hast mir erzählt, dass du dich, um erfolgreich zu sein, von allem abgeschnitten hast, auch von dir selbst und vor allem von Gott. Ich dagegen habe nie aufgehört, ihn in alles, was ich tat, einzubeziehen und in Krisenzeiten habe ich mich ganz auf ihn verlassen. Zu dieser Zeit hatte ich gerade das kostenlose Coaching- und

Spiritualitätszentrum eröffnet und gab Gottes Wort an alle weiter, die es besuchten. Das war sehr erfüllend für mich und lenkte mich von den Problemen in meiner Familie ab. Weißt du, dass viele von denen, die den Kurs besucht haben, jetzt erfolgreiche Unternehmer sind?«

«Nun, deine Art, erfolgreich zu sein, war sicherlich intelligenter als meine«, sagte sie und lachte über sich selbst.

«Wenn du nicht klug gewesen wärst, hättest du in den dunklen Zeiten deines Lebens nicht erkannt, wo das Problem lag. Stattdessen hast du es, so wie ich es verstehe, selbst erkannt ... denn Jesus ist Intelligenz!

Wir haben die Gabe der Intelligenz erhalten, um die Welt zu lesen, nicht um sie umzuschreiben. Wenn die menschliche Intelligenz damit beschäftigt ist, das erste Prinzip umzuschreiben, anstatt es zu lesen, schafft sie eine dunkle, arrogante, herrschsüchtige Denkweise. Wenn die menschliche Intelligenz damit beschäftigt ist, die Mutterregel, nach der alles geschieht, umzuschreiben, anstatt sie zu lesen, schafft sie eine trügerische, gierige Denkweise, die auf Trennung und Aberglauben ausgerichtet ist. Wenn die menschliche Intelligenz damit beschäftigt ist, den letzten Zweck aller Lebensbewegungen umzuschreiben und nicht zu lesen, schafft sie eine idiotische und sinnlose Denkweise, die der Eitelkeit entspricht. Die menschliche Intelligenz ist nicht unendlich, aber wenn sie damit beschäftigt ist, den Sinn der Dinge umzuschreiben, anstatt ihn zu lesen, dann ist sie dazu fähig, unendliche Dummheit zu erzeugen. Der Glaube der Intelligenz sieht in allem immer den Zusammenhang mit dem Anfang und dem Ganzen, die Regel seiner Bewegung und das Ziel, dem er zustrebt. Der Glaube der Intelligenz ist die höchste Form der Intelligenz für den Menschen, denn es gibt keine klügere und weisere Art zu leben, als sich in das Wissen zu vertiefen, dass wir alle zu jederzeit mit dem ersten Prinzip verbunden sind, dass alles und jeder sich nach einer präzisen Mutterregel bewegt, die alles ordnet und zu einem unendlichen Ziel führt. Der Glaube der Intelligenz ermöglicht es, das Eine zu erkennen und zu lieben, indem man das Ganze erkennt und liebt. Im Antlitz des Alls kann der Mensch die Vision des dreifaltigen Antlitzes vollkommen erkennen: Vater, Sohn, Geist.

Die Intelligenz des Glaubens führt zur Vision des Alls, auch durch die Fragmentierung des alltäglichen Einen hindurch, in die uns der Böse gestürzt hat. Der Glaube der Intelligenz führt zur Vision des Einen, auch durch die Zersplitterung des Alltäglichen hindurch, in die uns diese Welt gestürzt hat. In wenigen leuchtenden Worten gelingt es Jesus, diese beiden Gesichter des Glaubens zu zeigen und auf seine Kraft und sein Licht hinzuweisen: Wer mich gesehen hat, der hat den Vater gesehen.

Für Jesus ist es selbstverständlich, klar, einfach, gewiss: Wer mich gesehen hat, hat den Vater gesehen. Für Jesus ist es selbstverständlich, dass Sehen gleich Verstehen ist, Erleben gleich volles Wissen, Teilhaben gleich tiefes Verstehen. Für Jesus ist es selbstverständlich, es ist einfach, direkt, einleuchtend: Wer Jesus gesehen hat, hat den Vater gesehen, wer Jesus gekannt hat, hat den Vater gekannt, wer an Jesus teilgenommen hat, hat am Vater teilgenommen.

Der Glaube der Intelligenz besteht darin, zu sehen, zu erfahren, an allem, was existiert, teilzuhaben und ohne Zweifel zu erkennen, dass alles, was existiert und geschieht, mit dem ersten Prinzip verbunden ist, dass es immer einer bestimmten Regel folgt und auf ein Ende ohne Ende zusteuert. Der Glaube der Intelligenz besteht darin, zu sehen, zu wissen, zu verstehen, dass es einen Grund gibt, innerhalb dessen alles geschieht und sich bewegt. Der Glaube der Intelligenz wird niemals, auch nicht in seiner geringsten Form, in der Lage sein, die Dimension des Zufalls oder des Glücks in der Existenz zu erfassen, so wenig wie es möglich ist, die Abwesenheit von Wasser in einem Ozean zu erfassen. Kultur und Gelehrsamkeit sind in keiner

Weise in der Lage, den Glauben an die Intelligenz im Menschen hervorzurufen und zu fördern; im Gegenteil, menschliche Kultur und Gelehrsamkeit machen den Menschen auf dem Weg zum Glauben an die Intelligenz unerfahren, unsicher und verwirrt. Die menschlichen Kulturformen sind alle darauf ausgerichtet, die Wirklichkeit zu beschreiben, deren Sinn sie nicht verstehen. Es handelt sich um eine Form des geistigen Missbrauchs, der durch die Schaffung von Wörtern, Begriffen, Bildern, verbalen Strukturen gekennzeichnet ist, um etwas zu beschreiben, dessen Bedeutung man überhaupt nicht erfassen und verstehen kann. Diese frenetische, verzweifelte, lächerliche intellektuelle Aktivität, deren einziges Ziel es ist, die Kontrolle über das Leben und die Dinge zu erlangen, entleert die Absichten, Worte und Taten der Menschen, weil sie töricht und hartnäckig entschlossen ist, die Bedeutung der Dinge zu beschreiben, während sie ihren Grund, ihr Prinzip, ihre Bewegung und ihr Ende noch nicht erfasst hat.

Wenn du mit der Intelligenz Jesu Erfolg hast, dann hast du dauerhaften Erfolg und wirst im Namen Jesus Christus zu einem Gewinner in Allem deines Lebens.

«Mama, sollen wir uns als Verlierer fühlen, weil wir unsere Ausbildung verloren haben? Du weißt doch, dass unsere Mädchen uns terrorisieren, seit wir unsere Ausbildung in der Schweiz begonnen haben. Hat Marko schon mit dir gesprochen?«, fragte Luka frustriert.

«Machen eure Mädchen wirklich Stress? Nein, dein Bruder hat mir nichts davon erzählt. Aber aus welchem Grund?«

«Jetzt sagen sie, wir hätten es doch wie alle anderen machen können und uns einfach eine andere Lehrstelle in Deutschland suchen oder uns arbeitslos melden können, anstatt die Extra-Suppe zu wollen und in die Schweiz zu ziehen. Sie scheinen nicht zu verstehen, dass unser

Chef uns aus wirtschaftlichen Gründen in die Schweiz versetzt hat. Die Mädchen scheinen heutzutage damit beschäftigt zu sein, sich die Nägel zu machen, Permanent Make-up und Haarverlängerungen zu tragen, um wie Instagram Influencer auszusehen, sie nehmen alles andere um sich herum nicht wirklich wahr...«.

«Die negativen Auswirkungen der sozialen Medien auf junge Menschen sind ein ziemlich bekanntes und globales Problem. Das Wachstum von Social-Media-Plattformen hat viele Vorteile mit sich gebracht, aber auch Risiken und Herausforderungen, die berücksichtigt werden müssen. Man weiß nicht, wie glücklich man sich schätzen kann, dass sich diese Tür geöffnet hat und einem ein Job in der Schweiz angeboten wurde, denn es ist nicht so einfach, dort einen Job zu bekommen«, erklärt Viktoria.

«Aber wir wissen es und wir spüren, dass es der richtige Weg für uns ist...«

Gott ist es, der Türen öffnet und schließt.

Das sagt der Heilige, der Wahrhaftige, der den Schlüssel Davids hat, der auftut und niemand schließt zu und der zuschließt und niemand öffnet: Ich kenne deine Werke. Offenbarung 3,7-8'

Es gibt entscheidende Momente in unserem Leben, in denen wir uns besonders sicher sein müssen, dass wir Gottes Stimme deutlich hören. Es ist nicht immer leicht, seine Stimme von den Gedanken zu unterscheiden, die von unseren Gefühlen diktiert werden. Aber viele wissen aus Erfahrung, dass Gott Türen zu Möglichkeiten öffnen kann, die niemand schließen kann und dass er auch Türen schließen kann, die wir nicht öffnen können.
Jesus hat die Schlüssel zu den Toren des Paradieses und er öffnet vor jeder gläubigen Seele eine Tür, die kein Mensch und kein Dämon

schließen kann. Welche Freude wird es sein, zu entdecken, dass der Glaube an ihn der goldene Schlüssel ist, der die ewigen Tore öffnet! Es gibt keine anderen. Nur Jesus ist die „Tür". Es mag im Leben gute Hirten geben, aber niemand ist die Tür, nur Christus. Jeder, der in den Himmel will, muss durch diese Tür gehen. Alle Segnungen, die vom Vater kommen, gehen durch diese Tür. Gehen wir also mit Glauben und Vertrauen durch diese Tür. Trägst du diesen Schlüssel in deinem Schoß oder verlässt du dich auf eine trügerische Wahl, die dich am Ende enttäuschen wird?

Oh, du wunderbare Seele, die du bis zu diesem Kapitel gekommen bist und immer noch mit Freuden dieses Buch liest, lade ich dich hiermit ein, dieses Gebet zu sprechen: „Danke Jesus, denn du hast den Schlüssel zu allen Türen. Du hast immer eine Lösung! Du bist die Antwort auf meine Schwierigkeiten und niemand kann die Türen schließen, die du geöffnet hast. Heute entscheide ich mich, Dir zu vertrauen. In Jesus Name, Amen."

Jesus Christus von Nazareth ist der Schlüssel, der uns den Weg zum Leben, zum wahren Leben öffnet. Dieser König öffnet unsere Schlösser, um uns aus der Finsternis und dem Schatten des Todes herauszuführen. Hinter jeder unserer Sünden verbirgt sich Verzweiflung, hinter jeder unserer Taten der Lieblosigkeit verbirgt sich ein Akt der Resignation, hinter unseren Taten, die unsere Würde mindern, verbirgt sich eine Enge, eine Unfähigkeit, die schöne Wirklichkeit in uns zum Vorschein zu bringen. Das Öffnen und Schließen ist also ein Bild für den Anfang und das Ende von allem. Alles entsteht und alles stirbt in einer unendlichen Dimension von Phasen. Das Öffnen und Schließen führt uns zurück zu den Beziehungen, zu den Daten unserer irdischen Existenz, zu unseren Zuneigungen. Das Öffnen und Schließen, zeigen nicht nur den Anfang und das Ende von etwas an, sondern auch die Qualität unserer Entscheidungen. Das Schließen kann besser sein als das

Öffnen und umgekehrt.

«Was für ein Mensch soll ich deiner Meinung nach werden, um ein Mann Gottes zu sein? Du weißt, dass Marko diese Stimme in sich hört, die ich noch nicht hören kann. Bedeutet das, dass Gott ihn mehr auserwählt hat als mich?«, fragte Luka, während Viktoria ihm half, seine Sachen für die Schweiz zu packen.

«Willst du als Mann Gottes wachsen?«, fragte Viktoria, die von der Frage völlig überwältigt war.

«Ja, was muss ich dafür tun?«

«Du musst nichts Besonderes tun, außer Gott in deinem Leben durch Jesus Christus voll und ganz anzuerkennen, denn es ist „Gott, der wachsen lässt"! Dein Charakter ist ganz anders als noch vor ein paar Jahren, aber du weißt, dass du noch einen langen Weg vor dir hast«.

'Weder auf den der pflanzt, kommt es an, noch auf den der begießt, sondern auf den Gott, der wachsen läßt. 1 Kor 3,7'

Gott verlangt nicht, dass der Mensch vollkommen ist, aber er hilft ihm zu wachsen. In den letzten Jahren wurde viel über die Spiritualität der Frauen gesprochen und nachgedacht, aber weniger über die Berufung und Sendung der Männer. Zusammen mit einigen beunruhigenden Tendenzen in unserer Kultur, die Männlichkeit unter dem Vorwand zu untergraben, einen Primitivismus der Vergangenheit oder eine übermäßige Abhängigkeit von patriarchalischen Strukturen zu überwinden - ganz zu schweigen vom Fehlen einer Vaterfigur in zu vielen Familien und von der Notwendigkeit, sich an männlichen Vorbildern zu orientieren -, bedeutet dies, dass viele junge Männer ohne eine wirksame Führung aufwachsen, die ihnen hilft, ihre männliche Identität zu leben.

Wenn der Mann endlich erkennen würde, wie gewollt und großartig er geschaffen ist - und nach wessen Bild er geschaffen wurde -, dann könnte er leichter zu sich selbst finden, durch die Liebe, die sich hingibt, die Liebe, die verpflichtet, in der Nachfolge des Gottes, der die Liebe ist. Dann würde er auch erkennen, wie weit er sich manchmal von diesem Zustand der Erwählung und von der Größe seiner Berufung entfernt hat. Hätte der Mensch wirklich verstanden und geglaubt, dass er nach Gottes Bild und Gleichnis geschaffen und von seinem himmlischen Vater geliebt ist, dann hätte er seine Rolle als treuer Sohn, als fürsorglicher Vater, als Beschützer und Leiter seiner Familie ganz natürlich verstanden. Männer, die wie Gott leben, die heilig sind, werden heute am meisten gebraucht; Frauen und Kinder vermissen sie - und viele Männer auch. Ob ein Mann zum Vater, zum Ehemann oder zum selbstlosen Zölibat berufen ist, ob er zum Priester in vollkommener Keuschheit, zum Mönch oder zum geweihten Ordensmann berufen ist, in jedem Fall wird er, wenn er wirklich ein Mann Gottes, des Gebets und der Integrität ist, notwendigerweise ein Mann „für andere" sein.

Jesus sagte; 'Der Menschensohn ist nicht gekommen, dass er sich dienen lasse, sondern dass er diene und gebe sein Leben als Lösegeld für viele. Matthäus 20,28.'

An dieser Stelle könnte sich der Mensch fragen: Bin ich angesichts eines so klaren, starken und anspruchsvollen Gebotes, das Christus selbst an uns richtet, noch bereit, sein Jünger zu sein? Bin ich noch bereit, die Tugenden des Respekts und der Verantwortung zu verkörpern, zu denen er mich aufruft? Bin ich bereit, um der anderen willen Grenzen zu setzen? Werde ich meine Kraft und meinen Eifer einsetzen, um die mir Anvertrauten zu pflegen, zu schützen und zu erziehen?

Nun, wir mögen alle Lehren der Bibel und alle theologischen Begriffe kennen, wir mögen in der Lage sein, die Bibel aus dem griechischen Original zu übersetzen und so weiter, aber das Prinzip von Micha 6,8 ist das Prinzip, dem der Mann Gottes folgen muss: Gerechtigkeit üben, Barmherzigkeit lieben und demütig mit ihm wandeln. Und vor allem: Vergiss nicht, dass du auch mit deinen Unvollkommenheiten ein wahrer Mann Gottes sein kannst.

Kapitel 12   Eine Herzensangelegenheit

«Darf ich?«, flüsterte Robert und küsste Viktoria auf die Lippen, während der Wind ihre Gesichter streichelte.

Ein einfacher Kuss, Gesicht an Gesicht, die Augen verträumt geschlossen... Solche Gefühle hatte Viktoria schon lange nicht mehr erlebt. Mit geröteten Wangen hielt sie inne und sah ihn an, während er ihr sanft über das Gesicht strich.

«Ich weiß nicht, ob ich so etwas schon einmal gefühlt habe«, flüsterte er und küsste sie erneut.
«Ich weiß nicht, ob wir das Richtige getan haben, denn in zwei Wochen ziehe ich in die Schweiz«, flüsterte sie und küsste ihn heftig.

«1 Kor 13,8: Die Liebe hört niemals auf. 1 Kor 13,7: Sie erträgt alles, glaubt alles, hofft alles, erduldet alles«, antwortete er.

Wenn der Blick eines Mannes, der gelitten hat, auf den Blick einer Frau trifft, die ebenfalls gelitten hat und immer noch leidet, dann sprühen die Funken. So war es bei Viktoria und Robert,
Ihre Liebe entwickelte sich zufällig, Gefühle, die nichts anderes wollten, als erlebt zu werden, Augen, die, wenn sie sich trafen, den Worten die Zeit stahlen, Küsse, die keinen Raum ließen für Atemzüge, Reue, Schuldgefühle. Oft fragen wir uns, was richtig und was falsch ist, ob wir uns in jemanden verlieben sollen oder nicht, ob wir in diese Richtung gehen oder weglaufen sollen, aber am Ende entscheiden wir uns immer und nur für eines, wir folgen unserem Herzen, denn es ist in diesen Momenten unser einziger Despot, der zu wissen glaubt, in welche Richtung wir gehen sollen, es allein entscheidet über unsere Gefühle und Handlungen.

Die Entwicklung von Viktoria und Robert zu einem spirituellen Paar, in dem authentische spirituelle Bestrebungen vorherrschen, sichert ihre spirituelle Entwicklung und legt gleichzeitig den Grundstein für eine Beziehung, die sowohl im Diesseits als auch im Jenseits unverändert bleiben wird. Die Pflege einer Liebesbeziehung, die auf gegenseitiger Liebe, Verklärung und Kontinuität beruht und in der die beiden Liebenden überwiegend echte spirituelle Bestrebungen zum Ausdruck bringen, ist gleichbedeutend mit der bewussten Anerkennung der Tatsache, dass die beiden Liebenden in erster Linie Menschen sind, die mit einem unsterblichen höchsten Geist ausgestattet sind, dessen Bestimmung vor allem darin besteht, spirituell zu erwachen und sich zu entfalten.

Die Liebe ist eine wunderbare Gabe, mit der die Weisheit Gottes alle, die bereit sind, sie zu empfangen, reichlich beschenkt hat, denn 'Gott ist die Liebe' (1 Joh 4,8 und 16).
Diese Aussage finden wir ausdrücklich im ersten Brief des Apostels Johannes und zwar zweimal im Abstand von nur wenigen Versen, aber auch in der übrigen Bibel und im Neuen Testament wird diese Eigenschaft Gottes nicht weniger deutlich.

«Aber wie konnte es passieren, dass wir uns gerade jetzt, wo ich in die Schweiz ziehe, verlieben? Ich hoffe, ich steuere nicht auf eine weitere Katastrophe zu, nachdem der Herr mir geholfen hat, mein Leben in Ordnung zu bringen«, fragte Viktoria mit Blick auf die Zukunft.
«Es ist passiert, weil man Liebe nicht planen kann, sie passiert einfach. Wir werden auch in der Schweiz einen Weg finden, Liebe und beruflichen Erfolg unter einen Hut zu bringen, denn 'Wo man arbeitet, da ist Gewinn; wo man aber nur mit Worten umgeht, da ist Mangel. Sprüche 14,23'«, erwiderte er und drückte ihr einen Flyer in die Hand.

«Du bist sehr weise, weißt du das?«, fragte sie mit dem Flyer in der Hand.

«Wir erhalten Weisheit, wenn wir Gott bitten, uns zu unterstützen. So steht es in der Bibel, in 1. Könige 3:9...Aber willst du den Flyer nicht aufschlagen und sehen, was drin steht?«, schlug er vor.

Neugierig öffnete Viktoria den Flyer und sah ihn sich genauer an.

«Das ist eine Werbung für ein christliches Zentrum in der Schweiz, willst du, dass ich dorthin gehe, deshalb hast du mir das gegeben?«

«Nein, ich will, dass du mit mir dorthin gehst«, antwortete Robert lächelnd.

Von ihren Gefühlen überwältigt, richtete Viktoria ihre Augen zum Himmel und rief: "Mein barmherziger Jesus, was habe ich Gutes getan, um all das Gute zu verdienen?

'Gott wird dir die Jahre zurückgeben, die du verloren hast.' So steht im Joel 2:25 und das passierte bereits in Viktorias leben,

'Weil du teuer bist in meinen Augen und herrlich und weil ich dich lieb habe, gebe ich Menschen an deiner statt und Völker für dein Leben. Jesaja 43,4'

Seitdem sie Jesus Christus in ihr Leben aufgenommen hat, ist ein Segen auf den anderen gefolgt, denn der Glaube hat eine Geschichte, die Geschichte Jesu von Nazareth, die sich mit den vielfältigen Geschichten derer überschneiden kann, die den Reichtum ihres Menschseins zu verschiedenen Zeiten zum Ausdruck bringen. Das Hören und Annehmen des Evangeliums durch jeden endlichen und wandelbaren Menschen setzt den Glauben selbst einer unvorstellbaren Variabilität der Entwicklung und des Wachstums aus.

Die Prüfung unseres Glaubens ist ein Problem oder eine Schwierigkeit, auf die wir keine Antwort sehen. Es bedeutet, dass wir nicht sehen, was Gott tut. Wenn wir die Antwort auf eine bestimmte Situation sehen würden, wäre der Glaube nicht mehr nötig. Wenn ich zum Beispiel eine Rechnung zu bezahlen habe und weiß, dass ich nächste Woche mein Gehalt bekomme, dann brauche ich mich nicht im Glauben zu üben. Das heißt, ich weiß schon, wie ich das Geld für die Rechnung bekomme. Wenn ich aber eine Rechnung zu bezahlen habe und kein Gehalt bekomme, oder wenn die Rechnung höher ist, als ich bezahlen kann, dann sehe ich keine Lösung für meine Situation. Dann wird mein Glaube auf die Probe gestellt. Ich kann dann auf Gott vertrauen, dass er meine Not lindern wird. Das ist ein Beispiel dafür, wie mein Glaube auf die Probe gestellt wird. Wir üben uns im Glauben, wenn wir die Lösung nicht sehen.

Glaube ist aber nicht nur eine Frage materieller Bedürfnisse. Im Gegenteil, die häufigsten Prüfungen des Glaubens sind solche, die mit unserem geistlichen Zustand zu tun haben.
Die Prüfungen unseres Glaubens sind nie angenehm, aber wir können sie als große Freude betrachten. Die Freude kommt nicht aus dem Leid, das die Prüfung verursachen kann, sondern aus der Erkenntnis, die die Prüfung hervorruft. Die Prüfung bringt Standhaftigkeit hervor und die Standhaftigkeit wirkt in uns, um uns vollkommen und ganz in Christus zu machen.

Es ist sehr wichtig zu verstehen, dass wir uns nicht an der Prüfung selbst freuen sollen, sondern an dem, was die Prüfung bewirkt. Die Prüfung unseres Glaubens findet in den Situationen statt, in denen wir Gottes Antwort nicht sehen und spüren und seine Gegenwart nicht wahrnehmen. In diesen Momenten zwingt Gott uns, im Glauben zu wandeln, unseren Glauben zu stärken und zu festigen und in uns Beständigkeit zu erzeugen.
Diese Prüfungen zeigen die wahre Natur unseres Glaubens. Sie sind Werkzeuge zur Läuterung und Stärkung unseres Glaubens.

Das Wort „Standhaftigkeit" wird oft mit „Geduld" und manchmal auch mit „Ausdauer" übersetzt.

Es bedeutet, standhaft zu bleiben, trotz aller Prüfungen. Es bedeutet, nicht zu schwanken, sondern in der gleichen Richtung weiterzugehen, ein aufrichtiges Herz zu bewahren und nicht zu sündigen.

Beständigkeit bedeutet, auf Gott zu schauen, auch wenn wir nicht sehen können, was er tut; es bedeutet, sowohl zu gehen, wenn wir die Ziellinie sehen, als auch, wenn wir im Nebel stehen und nicht weiter sehen können. Das heißt, wir haben die Karte, die uns den Weg zeigt. Manchmal, wenn die Luft klar ist, können wir die Berge in der Ferne sehen und haben unser Ziel vor Augen. Aber sehr oft ist es neblig und wir können das Ziel nicht sehen. Gott ruft uns auf, immer im Glauben voranzugehen, egal wie dunkel oder schwer das Ziel zu sehen ist.

Es gibt vieles, was wir tun können, um die Gabe des Glaubens, die wir durch den Heiligen Geist empfangen haben, zu nutzen und zu vertiefen, denn der Glaube kommt aus dem Hören des Wortes Gottes.

Die Aktivierung ihres Herzens veränderte Viktorias Leben, ihre Beziehung zu Gott, ihre Beziehung zu sich selbst und ihre Beziehung zu ihren Mitmenschen. Jesus betrat ihren Leidensweg, um ihr Herz zurückzugewinnen. Wenn unser Herz nicht ganz verschlossen bleibt, wenn es ein wenig aufleuchtet, wenn es sich ein wenig öffnet auf diesem Weg, der schon unser Weg ist, dann lädt uns Jesus ein, diesen Weg mit ihm zu gehen.

«Ich bin sehr froh, dass ich die Gelegenheit hatte, euch persönlich kennen zu lernen«, sagte Robert bei einem Treffen mit Viktorias Söhnen.

«Sie müssen der Mann sein, dem es gelungen ist, das Herz unserer Mutter zu erobern, was nicht leicht gewesen sein kann...«, sagte

Marko und schüttelte ihm die Hand.

«Um ehrlich zu sein, so einfach war es nicht...«, grinste er.

«Und wie hast du sie dann für dich gewonnen?«, fragte Luka.

«Ich lud sie ein, die christliche Gemeinde zu besuchen, in die ich gehe... Jesus hat den Rest erledigt«, erzählte Robert.

"Und wo sind wir heute eingeladen, da ihr uns den Grund eures Besuches noch nicht verraten habt?

«Das ist eine Überraschung«, antwortete Viktoria.

Vor den neuen Räumlichkeiten der christlichen Gemeinde sahen sich Viktorias Kinder an, bis schließlich Luka zu Robert sagte; «Sie scheinen eine Vorliebe für christliche Einrichtungen zu haben...«.

«Genau, deshalb habe ich eine weitere gegründet...«, antwortete Robert.

«Sie haben dieses Zentrum gegründet?«, fragte Marko bewundernd.

«Ja und heute ist die Einweihung, die Reservierungen für einen Besuch sind in die Höhe geschossen.«

«Dann haben Sie heute viel gewonnen...«, sagte Marko.

«Der 'Lohn' des Christen ist es, 'wie Jesus auszusehen': Es gibt keine größere Belohnung für diejenigen, die dem Herrn wirklich nachfolgen. Außerdem wurde ich in meinem Leben schon genug belohnt, seit ich Jesus in mein Leben aufgenommen habe. Jetzt ist es an der Zeit, etwas zurückzugeben, indem ich Jesus so vielen Menschen wie möglich vorstelle, denn wenn der Herr dir die Möglichkeit gibt, Güter zu haben, musst du dich dienstbar machen, das heißt, für andere da sein«.

«Sie sind sehr weise, wissen Sie das?«, sagte Luka.

«Das hat mir neulich auch jemand gesagt«, sagte er und meinte damit Viktoria.

In dem schlicht eingerichteten Raum stach die beleuchtete Schrift an der Wand hervor; 'Ich bin der Weg und die Wahrheit und das Leben; niemand kommt zum Vater außer durch mich Johannes 14:6'

Pünktlich um 11 Uhr begann die leise Musik, begleitet von einem Loblied auf Christus. Im überfüllten Saal reichten die Sitzplätze nicht aus, die Menschen standen. Keine Ecke blieb frei, alle waren da, um das Wort des Herrn zu hören.

Während der Einweihungsfeier ließ sich Robert von einem Abschnitt aus dem Lukasevangelium, Kapitel 11, inspirieren, in dem Jesus, nachdem er gebetet und seine Jünger das Beten gelehrt hat (V. 1-13), seine Zuhörer zur Wachsamkeit und zum geistlichen Kampf gegen die Mächte der Finsternis aufruft (V. 14-26). Am Ende der Predigt preist eine Frau Jesus und segnet den Schoß derer, die ihn geboren und genährt haben (V. 27): „Gesegnet ist der Schoß, der dich geboren und die Brust, die dich gestillt hat." Und er sagt: „Selig sind, die das Wort Gottes hören und es weitergeben (vgl. Lk 11,28)".

Das Wort Gottes zu hören und zu verkündigen, um im Leben erfolgreich zu sein, für den Erfolg zu danken und anderen zu helfen, ebenfalls erfolgreich zu sein, das war die Mission von Robert und Viktoria mit ihrem Coaching-Center, weil sie sich Jesus für alles, was sie hatten, schuldig fühlten und vor allem, weil sie es aus Liebe zu Jesus Christus taten.

In der Bibel kommt das Wort Liebe 196 Mal vor. Nach dem Philosophen Søren Kierkegaard ist die Bibel der Liebesbrief Gottes an uns. Die Liebesworte Jesu haben im Laufe der Jahrhunderte Millionen von Menschen inspiriert. Sie geben Orientierung und Hoffnung, um die Herausforderungen des Lebens zu meistern und mitfühlend mit anderen zu leben. Jesus stellt die Liebe in den Mittelpunkt seiner Mission und seiner christlichen Lehre und ermutigt seine Jünger, allen Menschen gegenüber großherzig,

solidarisch und mitfühlend zu sein. Er definiert die Nächstenliebe als eines der wichtigsten Gebote und stellt sie auf eine Stufe mit der Liebe zu Gott selbst. Dieser Grundsatz, der als Liebesgebot bekannt ist (Joh 13,34), unterstreicht die Bedeutung der uneigennützigen und mitfühlenden Liebe zu den Mitmenschen.
Diese drei aber sind: Glaube, Hoffnung, Liebe;
am größten aber ist die Liebe.
(Paulus, Erster Brief an die Korinther)'.

Wenn wir uns fragen, warum die Liebe wichtiger ist als der Glaube, dann müssen wir verstehen, dass die Liebe nicht die Antwort auf bestimmte Situationen ist, sondern der Ausweg, der Wendepunkt! Aus Liebe zu uns ist Jesus am Kreuz gestorben, deshalb gilt er als Symbol der unendlichen Liebe Gottes zu uns.

«Ich muss kurz raus, mein Handy vibriert aufdringlich, es scheint dringend zu sein«, flüstert Viktoria ihrem Sohn Luka ins Ohr, während Robert und Marko hinter dem Rednerpult stehen.

Als sie sich die Liste der Anrufe ansieht, stellt sie fest, dass die Nummer, die sie angerufen hat, aus der Stadt stammt, in der sie früher gewohnt hat. Sechsmal hintereinander hatte dieselbe Nummer versucht, sie anzurufen, es musste ein Notfall sein.
Beunruhigt rief sie zurück, aber niemand antwortete. Doch Sekunden später, als sie gerade wieder das Zimmer von Robert und ihren Kindern betreten will, ruft dieselbe Nummer erneut an.

«Frau Moravec?«, fragte die männliche Stimme am anderen Ende der Leitung.
«Ja, aber mit wem spreche ich?«
«Ich bin Oberarzt in der Unfallchirurgie, Ihre Freundin Annika hat mich gebeten, Sie anzurufen, es ist sehr dringend, Sie müssen so schnell wie möglich herkommen.«

«Sie machen mir Angst. Was ist mit Annika passiert?«, fragte sie mit zitternder Stimme.

«Annika geht es gut, aber ihre Tochter Edina liegt nach einem Reitunfall im Koma...«, fasste der Arzt kurz zusammen.

Der Schock raubte Viktoria den Atem und sie war nicht in der Lage, die Worte des Arztes zu kommentieren.

«Frau Moravec? Es ist dringend«, rief der Arzt.
«Ich mache mich sofort auf den Weg, aber es kann ein paar Stunden dauern, bis ich ankomme, da ich gerade in der Schweiz bin.«

Aufgeregt betrat Viktoria wieder den Raum, flüsterte Luka ein paar hastige Worte ins Ohr und eilte zum Ausgang.

>Himmlischer Vater, in dieser Zeit der Not und Angst wende ich mich an Dich und bitte Dich um Heilung für Edina und um Deinen göttlichen Trost für Annika und ihre Familie. Wie ein Hirte seine Herde hütet, so bitte ich Dich, führe Annika und ihre Familie mit Deinem Stab durch dieses Tal der Finsternis, um sie zu beschützen und zu trösten", betete Viktoria still im Flugzeug.

Immer noch nicht wissend, was auf sie zukommt, suchte Viktoria die Hilfe von Jesus Christus und bat still um Gottes Kraft, um ihrer Freundin Annika in dieser dramatischen Zeit beizustehen.

'Alles kann ich durch Christus, der mir Kraft und Stärke gibt. Philipper 4,11'

Diese Worte des Apostels Paulus geben denen, die Gott anbeten, die Gewissheit, dass sie die Kraft haben, seinen Willen zu tun. Heute können die Menschen, die Gott anbeten, diese Worte des Paulus als tröstlich empfinden. Gott wird ihnen die Kraft geben, die sie brauchen, um Schwierigkeiten zu überwinden und seinen Willen zu tun. Er kann dies tun, indem er seinen Heiligen Geist (oder seine aktive Kraft), andere fromme Menschen und sein Wort, die Bibel, einsetzt (Lukas 11,13; Apostelgeschichte 14,21.22; Hebräer 4,12).

Als sie im Krankenhaus ankam, begleitete sie die Krankenschwester sofort auf die Intensivstation, wo Annikas Tochter Edina lag.

Als Viktoria das Zimmer betrat, bot sich ihr ein erschütterndes Bild. Edina lag intubiert an den Maschinen, Annika und ihr Mann Anton knieten vor dem Bett. Schweigend trat Annika an das Bett und nahm Edinas Hand zwischen ihre, als Annika plötzlich mit Tränen in den Augen aufstand, ihr ein Kruzifix in die Hand drückte und sagte: «Ich bitte dich. Ich flehe dich an, bete zu deinem Gott, dass er mein Kind heilt, er hört auf dich».

Erstaunt schaute Viktoria ihre Freundin Annika an und sagte: «Die Wohltaten Gottes sind nicht namentlich an uns gerichtet, sondern gehören allen, die an Jesus Christus glauben und sie in seinem Namen erbitten».
«Was muss ich tun, damit er meinem Kind hilft?«, rief Annika verzweifelt.
«Das Gebet ist nur für die, die an Gott glauben und eine persönliche Beziehung zu ihm wünschen. Ich weiß aus Erfahrung, dass Liebe selbst in den schlimmsten menschlichen Zusammenhängen Heiligkeit hervorbringen kann und vielleicht ist jetzt der richtige Zeitpunkt für dich, Jesus in dein Leben zu lassen und ihm zu erlauben, in deinem Schmerz zu wirken. Gib ihm eine Chance und wenn du willst, werde ich dich unterstützen und mit dir beten.«

Nach einigen Sekunden des Schweigens wandte sich Annika an Viktoria und fragte: «Wie ist es möglich, wieder zum Glauben zu finden, wenn man noch nie geglaubt hat?«

«Allein die Tatsache, dass du mich hierher gerufen und mir ein Kruzifix in die Hand gedrückt hast, bedeutet, dass du tief in dir weißt, dass es etwas Größeres gibt. Aber das Wissen reicht nicht aus, du musst unseren Herrn Jesus Christus in deinem Herzen haben», sagte Viktoria.

Als Anton diese Worte hörte, ging er auf Annika zu und flüsterte ihr zu: «Bitte lass uns versuchen, das zu tun, was Viktoria sagt, lass es uns gemeinsam tun».

Ihr Gespräch wurde von Edinas Geräten gestört, aus denen Geräusche kamen. Voller Angst rannte Annika in den Flur und begann um Hilfe zu rufen.
Als die Krankenschwester kam, warf sie einen Blick auf die Geräte und rief sofort den Arzt.

«Was ist denn los?«, fragte Annika hysterisch.
«Warten wir, bis der Arzt kommt», antwortete die Schwester.

Nach einer gründlichen Untersuchung der Geräte nimmt der Arzt sein Stethoskop und hält es Edina an die Brust, seitlich am Herzen.
«Was ist los, Herr Doktor?«, fragte Annika verzweifelt.
«Edinas Puls hat sich beschleunigt, das sieht man an diesem Gerät und das andere Gerät hat eine leichte Gehirnaktivität festgestellt.»

Annika ging auf die Geräte zu und betrachtete die Zeichnungen, ohne das Ergebnis zu verstehen, dann fragte sie: «Bedeutet das, dass meine Tochter wieder gesund wird?»
«Es ist noch zu früh, um das zu sagen, denn die Schädelverletzungen sind sehr schwer und wie ich schon am Anfang sagte, kann ich im Moment keine genaue Aussage machen. Alles liegt in Gottes Hand», sagte der Arzt und verließ den Raum, nachdem er einige Eintragungen in die Krankenakte gemacht hatte.

Nachdem der Arzt das Zimmer verlassen hat, wendete sich Anton an Annika und fragt: «Hast du gehört, was der Arzt gesagt hat? Dass alles in Gottes Hand liegt und wenn er das sagt, warum solltest du ihm nicht glauben? Du weißt sehr gut, wie ich denke und ich komme aus einer evangelischen Familie, die mich gelehrt hat, an Gott zu glauben, bevor ich dich kennengelernt habe und wir mit diesem Atheismus angefangen haben, der bei dir so im Trend ist. Seit wann ist es modern, sich von Gott abzuwenden? Weißt du, was meine Eltern gesagt haben, als ich ihnen erzählt habe, dass wir Atheisten geworden sind?»

«Genau, jetzt ist alles meine Schuld. Du hättest dich durchsetzen oder nein sagen können!», brüllte Annika.

«Hörst du, wie du redest? Es ist nicht leicht, seine Meinung zu ändern, wenn man von etwas überzeugt ist. Schon damals haben meine Eltern gesagt, dass Gottes Wort sagt, dass die Sünde, sich von Christus abzuwenden, die schlimmste und verhängnisvollste Sünde ist».

«Dies ist nicht der richtige Zeitpunkt, um darüber zu sprechen, aber ihr werdet überrascht sein, wie viele berühmte Menschen dem Erlöser folgen und sich nicht schämen, öffentlich darüber zu sprechen. Ich bin sicher, ihr kennt auch Denzel Washington, Antonio Banderas, den Oscarpreisträger Matthew McConaughey, den berühmten irischen Schauspieler Pierce Brosnan, sie alle sind Menschen, die sich nicht schämen, ihren Glauben offen zu bekennen. Lasst uns gemeinsam für Edina beten, kommt», sagte Viktoria.

Mit langsamen Schritten ging Viktoria auf den Flur, wechselte ein paar Worte mit der Krankenschwester und kehrte dann ins Zimmer zurück.

«Was hast du gemacht?«, fragte Annika, als die Schwester mit einer Bibel in der Hand ins Zimmer kam.

Alle drei saßen um das Bett herum, Anton hielt das Kruzifix in der Hand und Viktoria blätterte in der Bibel.

«Er wird alle ihre Tränen abwischen. Es wird keinen Tod mehr geben, kein Leid, keine Schmerzen, kein Geschrei«, las Viktoria aus der Offenbarung 21,4 vor.

Als Annika und Anton diese Worte hörten, brachen sie in Tränen aus und nahmen die Hand ihrer Tochter. Dann kniete Annika vor dem Bett nieder und schrie: «Jesus, ich flehe dich von ganzem Herzen an, komm und rette unser Leben, besonders das unserer kleinen Tochter Edina. Ich brauche deine Hilfe, ohne dich kann ich nichts tun. Ich bereue meine Sünden von ganzem Herzen. Bitte vergib mir, wenn ich an dir gezweifelt und dich verspottet habe...«.

Nach einem zärtlichen Schulterklopfen wendete sich Viktoria ihrer Freundin Annika zu und sagte: «Du kannst also beten, das war gar nicht so schwer, ich bin stolz auf dich«.

«Ich schäme mich, dass ich dich so schlecht behandelt habe, bitte vergib mir«, sagte Annika zu Viktoria, als die Schwester das Ende der Besuchszeit ankündigte.

Sicher kennen wir alle Freunde, Verwandte oder Bekannte, die einmal mit Jesus gegangen sind - und sich dann von ihm abgewandt haben!
Auch die Zahl der weltweit verfolgten Christen ist dramatisch gestiegen. Wir sind so beschäftigt mit den neuesten Schönheitstrends, Kleidung, veganer Ernährung, Kriegen in verschiedenen Ländern,

Korruption, globaler Erwärmung, sozialen Medien, dass wir nicht weiter schauen können. Es ist, als würde uns jemand von den wirklich wichtigen und wesentlichen Werten ablenken. Jesus hat Recht. Wir müssen den Kurs ändern, hin zu einem einfacheren Leben, nicht zu einem armen Leben, sondern zu einem Leben, das sich an den wirklich wichtigen Realitäten orientiert. Vielleicht noch mehr als um Schönheitstrends und Kleider geht es darum, dass sich das Leben immer mehr online abspielt, dass man sich nicht mehr von Angesicht zu Angesicht trifft und kommuniziert, dass man sich isoliert und voneinander entfernt. Jesus lädt uns ein, zu vertrauen. So zu sein, als hätten wir nicht die letzte Kosmetikbehandlung hinter uns oder als wäre unser Kleid nicht der letzte Schrei. Und das Gefühl, geliebt zu werden, wirklich geliebt zu werden, gibt uns das gewisse Etwas, den Charme, den uns keine Kosmetikerin und kein Kleid geben kann. Es gibt uns die Ruhe, unser Leben zu leben und ohne Stress nur an das Wesentliche zu denken und durch die Liebe Jesu strahlen wir automatisch ein anderes Licht aus, das Licht des Lebens.

«Wie ist die Lage?«, fragte Robert, als er mitten in der Nacht bei Viktoria im Hotel ankam.
«Laut Arzt ist die Lage sehr dramatisch, ich werde noch ein paar Tage hier bleiben und Annika und Anton emotional und im Gebet unterstützen.«
«Ich bleibe bei dir«, sagte Robert und umarmte sie zärtlich.
«Aber wir haben nur ein Bett...«, sagte sie schüchtern.
«Dann wird es Zeit, es zu teilen«, antwortete er glücklich.

Am frühen Morgen wurde Viktoria vom Klingeln ihres Handys geweckt. Als sie auf das Display schaute, sah sie, dass es Annika war, die sie anrief und sie hatte Angst, dass etwas passiert sein könnte.

«Ich weiß, es ist noch sehr früh, aber du musst dich fertig machen und ins Krankenhaus kommen, der Arzt wartet auf uns«, sagte

Annika aufgeregt.

«Warum, was ist passiert?«, fragte Viktoria besorgt.
«Die Krankenschwester kam in der Nacht ins Zimmer, nachdem sie ein Klingeln gehört hatte und fand Edina mit geballten Fäusten. Erinnerst du dich an das kleine Kruzifix, das ich dir gestern geschenkt habe? Nun, gestern hatte ich es unter Edinas Kopfkissen gelassen.«

«Ich bin gleich bei dir ... dann kannst du mir alles erzählen«, antwortete Viktoria überglücklich.

Verliebt sprang Viktoria an Roberts Hals und küsste ihn zärtlich auf die Lippen, «mach dich fertig, wir brauchen Verstärkung im Gebet«, sagte sie dann.

Als sie im Krankenhaus ankamen, untersuchte gerade der Arzt Edina, die noch immer die Hand zur Faust geballt hatte.
«Kann es Zufall sein, dass ihre Hand geballt ist?«, fragte Annika den Arzt.

«In der einen Hand sind die Muskeln entspannt, in der anderen angespannt. Außerdem wurde zwischen Mitternacht und 1 Uhr nachts eine erhöhte Gehirnaktivität festgestellt, sehen Sie diese Wellen? Es könnte alles bedeuten oder nichts. Mehr können wir leider nicht sagen, alles andere wäre Spekulation«, sagte der Arzt.

«Aber Herr Doktor, wie kann man so etwas feststellen, wenn sie sich bewegt, heißt das doch, dass sie langsam wach wird. Oder?«, fragte Annika hoffnungsvoll.
«Nicht für alles gibt es eine Erklärung ... und nein, es können auch nur Muskelreflexe sein«, sagte der Arzt und verließ den Raum.

Vor lauter Aufregung über Edina hatten Annika und Anton gar nicht bemerkt, dass Viktoria in Begleitung war.

«Ich habe Verstärkung mitgebracht. Darf ich euch meinen Partner Robert vorstellen?«, fragte Viktoria.
«Du hast einen Partner?«, fragte Annika misstrauisch.
«Ja. Warum, ist das schlimm?«, fragte Viktoria, um etwas Humor ins Spiel zu bringen.
«Ob das schlimm ist? Das grenzt an ein Wunder. Wir hätten nie gedacht, dass du auf die Idee kommst, dich wieder mit einem Mann einzulassen...«, antwortete Annika.

Plötzlich und ohne Vorwarnung trat die Liebe in Viktorias Leben und wie Puzzleteile, die das Gesamtbild erhellen, wurde von Tag zu Tag alles klarer. ... Bald war ihr Leben völlig aus den Fugen geraten. Dass sie Annika in einem so dramatischen Moment wiedergefunden hatte, betrachtete sie als Geschenk, als Chance, Annika die Fehler der Vergangenheit vor Augen zu führen.

«Lasst uns gemeinsam für Edina beten«, schlug Robert vor und nahm die Bibel in die Hand.
«Weiß er, wie das geht?«, fragte Annika überrascht.
«Er ist ein Experte auf diesem Gebiet...«, antwortete Viktoria.
«Ich habe fast die ganze Nacht gebetet, ich konnte seit gestern nicht mehr aufhören...«, sagte Anton mit trauriger Stimme und wischt sich die Tränen ab.

Doch gerade als sie mit dem Gebet beginnen wollten, begannen die Geräte wieder zu klingeln, Edinas Augen zuckten, da ging Annika zu ihrer Tochter, schüttelte sie und rief ihr laut zu: «Edina wach auf, komm zu uns!«

Sofort kam der Arzt mit der Krankenschwester ins Zimmer und

forderte Annika auf, sich vom Bett zu entfernen, aber sie weigerte sich und klammerte sich fest an ihre Tochter. Der Arzt leuchtete Edina mit der kleinen Handleuchte in die Augen und überprüfte die Geräte. Dann bemerkte er, dass auch die Hand, in der sie das Kruzifix nicht hielt, verkrampft war und rief sofort den Oberarzt.

Annika weinte hysterisch in Viktorias Armen, die versuchte, sie zu beruhigen.

«Haben Sie das auch gehört?«, fragte der Oberarzt seinen Kollegen und bezog sich dabei auf Edinas Lippenbewegung.

«Ich habe nur die Lippenbewegung gesehen, aber nichts gehört, weil es hier zu laut ist«, antwortete der Arzt.

Der Oberarzt wendete sich an Annika und die anderen und bat um absolute Ruhe.

«Jetzt habe ich es auch gehört! Sie hat etwas geflüstert«, rief der Arzt euphorisch.

«Ja, das hat sie wieder, irgendwas mit Jescho oder so...«, sagte der Oberarzt.

«Ich habe Jeschua verstanden«, sagte die Krankenschwester.

Verzweifelt steckte Annika die Hände in die Haare und schluchzte immer lauter auf den Oberarzt ein: «Tun Sie etwas, sehen Sie nicht, dass meine Tochter im Delirium ist?«

«Ihre Tochter ist dabei, aus dem Koma zu erwachen«, sagte der Oberarzt überzeugend.

«Aber woher wissen Sie das? Hören Sie nicht, dass meine Tochter unverständliche Dinge sagt?«, hakte Annika nach.

«Ihre Tochter hat mehrmals ganz deutlich Yeshua geflüstert, das haben meine Kollegen und ich gehört. Wissen Sie, wenigstens was Yeshua bedeutet?«, fragte der Oberarzt.

«Gott ist Rettung. Das heißt Gott ist Rettung«, sagte Viktoria.

Mit schmalem Blick sah Annika erst ihre Tochter, dann den Oberarzt und schließlich Viktoria an, bevor sie das Bewusstsein verlor und zu Boden sank.

Glaubst du, dass Jesus dein Retter ist? Vertraust du darauf, dass er durch seinen Tod die Schuld, die durch deine Sünde entstanden ist, vollständig bezahlt hat? Vertraust du darauf, dass seine Auferstehung die Garantie dafür ist, dass auch du nach dem Tod zum ewigen Leben auferstehen wirst?

Annika hat sich von einer chronischen Atheistin zu einer überzeugten Anhängerin von Jesus Christus gewandelt, während sie die schlimmste Erfahrung machte, die Eltern machen können. Wie viele von uns sind in der Lage, auch in den schlimmsten und schmerzlichsten Momenten unseres Lebens zu glauben? Und wie viele finden gerade in diesen Momenten zum Glauben?

«Na, ihr Täuflinge?«, rief Viktoria.

«Ich taufe euch mit Wasser; es kommt aber einer, der stärker ist als ich und ich bin nicht würdig, ihm seinen Schuhriemen zu lösen; der wird euch mit Heiligem Geist und Feuer taufen.«
Mit diesen Worten aus Matthäus 3,11 taufte Robert an einem schönen sonnigen Tag Annika, Anton und Edina im Wasser eines Sees am Rande der Stadt, in der sie lebten.